“认识中国·了解中国”书系

“十三五”国家重点出版物出版规划项目

当代中国扶贫

汪三贵 主编

中国人民大学出版社

·北京·

编写组成员

汪三贵　曾小溪　梁晓敏　殷浩栋
孙　凯　胡　骏　孙俊娜

目　录

Poverty Alleviation in Contemporary China

第 1 章

中国贫困概况

1 中国贫困概况

认识贫困要对贫困进行量化。本章首先从中国贫困线（也称贫困标准）的确定入手，以 1997 年贫困标准的测算为例，详细分析了中国食物贫困线和非食物贫困线的测定、农村贫困标准的确定。在此基础上，对 2010 年中国贫困标准的调整等关键问题进行了说明。在对贫困标准测算进行初步说明后，本章对中国贫困人口的生活状况，从分布、收入、消费等方面进行描述，并对不同区域的贫困状况进行比较。最后，本章对中国贫困人口主要致贫原因进行了初步分析。

一、中国贫困标准测算

贫困有多种定义方式，包括绝对贫困、相对贫困、主观贫困以及能力贫困等。中国农村贫困是以绝对贫困来定义的。绝对贫困又叫生存贫困，是在一定的社会环境和生活方式下，家庭或个人依靠其劳动所得和其他合法收入不能维持其基本生存需求的状况。绝对贫困的基本特征是：在生产方面，贫困人口或贫困户缺乏扩大再生产的物质基础，甚至难以维持简单再生产；在消费方面，贫困人口或贫困农户未能获得满足衣食住行等人类基本生存所需要的最低收入，生活不得温饱，劳动力本身再生产难以维持①。在绝对贫困定义中，“基本生存需求”是核心概念，在早期贫困研究中，最低需求仅仅包括食物、衣着、住房和医疗。20 世纪的贫困研究则将最低需求从生理需求扩展到了人的基本需求，包括生理需求和基本文化需求，后者如娱乐和教育。在中国的贫困标准测算中，国家统计局将基本生活消费支出分为食物消费支出和非食物消费支出（衣着、住房、交通、燃料、用品、医疗、教育和娱乐等）两部分②。食物消费是维持生存的最基本消费，只有满足最基本的热量和营养要求，人才能维持生存，因此，基本需求理应包括食物消费。除了吃

① 国家统计局农村社会经济调查总队．中国农村贫困监测报告 2000．北京：中国统计出版社，2000．

② 汪三贵．中国农村贫困标准及低保对象．中国社会保障，2007（12）：14-16．

饭之外，在社会中生存的人类一定需要部分非食物支出，如衣着、住房等，所以基本需求包括最低限度的非食物支出。

根据绝对贫困的定义，中国自 1986 年开始明确贫困标准，由此确定贫困人口数量，开展有针对性的帮扶活动。此后，随着生活标准、物价水平等不断变动，中国的贫困标准也不断调整，因此贫困人口规模也随之变动。本节以 1997 年贫困标准测算为例，首先对中国贫困标准确定的方法进行详细叙述，并对后续的调整做出说明。其次，在贫困标准确定的基础上，本节对中国贫困人口规模的抽样、调查以及调整进行阐述。

1986 年，国家统计局农村社会经济调查总队对全国 6.7 万户农村居民收支调查资料进行计算，根据绝对贫困的定义首次确定中国的贫困标准为人均年纯收入 205 元。1990 年、1994 年、1997 年这三年里，统计局根据分户数据对贫困标准进行了重新测算，其他年份则根据农村居民消费指数进行更新。

2011 年底，经国家统计局测算、各部门共同研究、国务院确定，2011—2020 年，中国农村贫困标准为“2010 年价格水平每人每年 2 300 元”①。这一新标准相比于之前的标准不仅在数值上大幅度提高，在具体测算方式上也有所不同。

中国贫困线的划定有三个基本步骤：首先，根据一定标准确定食物贫困线；其次，在食物贫困线的基础上测定非食物贫困线；最后，根据两类食物贫困线加和确定贫困标准。

（一）食物贫困线测定

食物需求是满足人类生存的基本需求，食物贫困线的划定也是贫困线确定的基础。

中国食物贫困线的基础是确定人类生存需求的基本热量标准。从国际上看，食物贫困线划定可以按照基本营养需求满足来确定，如俄罗斯；也可以按照热量摄入来计算，如印度。在中国农村贫困线的确定

---

① 王萍萍，徐鑫，郝彦宏. 中国农村贫困标准问题研究. 调研世界，2015 (8)：3-8.

中，食物贫困线是按照热量摄入来确定的。但究竟以多少热量作为维持生存的标准，各个国家和地区存在一定差异。国际上通常把 1 800 大卡作为满足生存需要的极限标准。1979 年，世界银行的三位经济学家在印度对贫困问题进行研究后提出了贫困的国际营养标准为每人每天摄入热量 2 250 大卡[①]。根据营养学家建议，中国采用每人每日 2 100 大卡热量作为最低营养需求[②]，这与联合国粮农组织提出的热量标准是一致的。

食物贫困线测定的第二步是列出可满足热量标准的食物清单。满足这个营养标准的食物清单是根据以下原则确定的：一是清单中的食品应该是必需品，排除所有有害和奢侈性（烟、酒等）的消费；二是食物清单应该反映农村贫困人口的实际消费结构[③]。

不同收入人群的膳食结构有很大差异，以确定贫困标准为目标的饮食结构测定应当以“穷人”为基础。确定食物贫困线时，一种可能的方法是在满足热量前提下，以最小支出的食物组合作为食物贫困线的食物清单，但显然，不同地区、不同人群有各自的饮食习惯，这种简单的方式无法满足贫困人口的实际需求。因此，选定具有代表性的人群以确定“一篮子”食物十分必要。1998 年，国家统计局参照当时关于中国农村贫困发生率的估算数和一些专家的意见，将贫困人口中 30%最穷的人口先大致定为“穷人”，借助全国农村住户调查数据，以其消费结构和消费价格，测算维持其生存所需要的贫困标准。按照当时的收入状况，国家统计局实际测算的是人均年纯收入低于 800 元农户的消费结构。值得注意的是，这里参照的“穷人”并不等同于该贫困标准测算下的贫困人口。由此，食物贫困线的食物清单列出 15 类 27 项食物。

食物清单与热量标准间的差异以系数进行调整。食物清单中的食物为 X_i，提供总热量为 C。食物清单总热量与 2 100 大卡贫困标准热量之间的差异为 $R=\frac{C}{2\,100}$，这一差异值 R 用来调整食物清单。调整后的食物

① 国家统计局农村社会经济调查总队. 中国农村贫困监测报告 2000. 北京：中国统计出版社，2000.

② 王萍萍. 中国贫困标准与国际贫困标准的比较. 调研世界，2007（1）：5-8.

③ 汪三贵. 中国农村贫困标准及低保对象. 中国社会保障，2007（12）：14-16.

清单中食物摄入量为 $X_i^{adj} = R \times X_i$（adj，即 adjust，调整）。由此，以 2 100 大卡热量为依据的食物清单中食物摄入量 X_i^{adj}确定。

在食物清单基础上，确定每种食物价格以确定食物贫困线。中国农户的重要特征是生产和消费的合一性——农户生产的产品往往用于消费，这一点在粮食作物上体现得最为明显。因此，在计算食物贫困标准时，粮食类食物价格按照农户出售价格计算。而其他食物价格按照市场销售价格计算。这里的价格都取自 1998 年人均年纯收入 800 元以下农户的消费数据。由于地域和生活水准不同，各个人群的消费价格存在差异。与食物清单的确定一致，国家统计局选择了 30%最穷人口的平均消费价格来确定每一种食物的价格 P_i。

在明确食物清单和每种食物价格的基础上，获得食物贫困线 $ZF = \sum X_i^{adj} \times P_i$ 。1998 年中国确定的食物贫困线为 527 元。

（二）非食物贫困线测定

相比于食物贫困线，非食物贫困线的划定更为复杂。由于没有一个客观的热量标准，非食物贫困线难以根据确定的数量和价格进行计算得出。

在中国的贫困线划定当中，分别按照马丁法和恩格尔系数法划定高低两条贫困线，即农村贫困线和低收入线。马丁法是世界银行经济学家马丁・拉瓦林（Martin Ravallion）在 1993 年提出的，它的主要逻辑是，假定某个农户的全部收入恰好等于食物贫困线，这时农户必然在食物支出外还有一部分非食物支出，那么这部分非食物支出意味着“必不可少”，将此作为非食物贫困线。对于这些收入可以满足基本热量支出，但却没有这样做的农户来说，其非食物支出实际上是“愿意放弃食物消费而获得的商品或服务”，将其作为非食物贫困线较为合理。恩格尔系数是指食物支出占全部支出的比重。恩格尔系数法是在确定贫困农户恩格尔系数的基础上，根据食物支出反推出非食物支出和总支出。

相比于恩格尔系数法，马丁法确定的非食物贫困线是农户依靠牺牲基本食物需求换取的非食物商品，这部分非食物需求是必不可少的、是最少量的，也是更为基本的生存保障贫困线。因此，中国在这两种方法的基础上分别确定了低贫困线（ZL，即农村贫困线）——以马丁法为基础，和高贫困线（ZU，即农村低收入线）——以恩格尔系数法为基础。

对于贫困线的确定，中国非食物贫困线的确定具体方法如下：首先，建立食物支出需求函数 S_i，根据马丁的经验，为了计算方便，函数形式设定如下：

$$S_i = a + b \times \log \frac{X_i}{ZF} + \varepsilon$$

其中，S_i 是食物支出占总支出的比重；X_i 是户均总支出或人均收入；ZF 为食物贫困线；a 为截距，表示人均收入恰好等于食物贫困线时，食物支出占总支出的比重；b 为 log 函数的系数，ε 是随机误差项。

在基本的函数设定中，影响非食物支出的主要因素只有收入。但事实上，消费习惯、家庭结构、地域文化等因素也对非食物支出具有重要影响。因此，在中国的非食物贫困线测定中，在模型中增加了反映地理环境、是否少数民族、是否老少边区地区、家族规模结构以及一定程度上能反映各地生产、生活结构的省区变量。各变量的参照系是江西省非老、少、边穷的丘陵地区家庭规模为 4～5 人以上的农户①。

其次，用 1998 年分户数据进行回归，得到非食物贫困线。最终，获得中国非食物贫困线 $NF=108$ 元。

中国低收入线测算的基础是恩格尔系数法。在 1998 年的测算中，恩格尔系数为 0.6，由此推算出非食物支出 $N^* F^* = 353$ 元。

（三）农村贫困标准确定

食物贫困线与非食物贫困线相加即为贫困线。1998 年中国农村贫困线 $ZL = ZF + NF = 527 + 108 = 635$ 元，农村低收入线 $ZU = ZF + N^* F^* = 527 +$

① 国家统计局农村社会经济调查总队. 中国农村贫困监测报告 2000. 北京：中国统计出版社，2000.

353=880 元。其后各年按照农村居民消费价格指数进行调整。

635 元的贫困线是保障农户基本食物、医疗、居住等需求。按照贫困人口将全部收入用于消费的假定，635 元的贫困线既是收入贫困线，也是消费贫困线。但在实际生活中，消费和收入衡量的贫困并不是完全一致的。在人的一生中，收入呈现出明显的“倒 U 形”，从单独时点看，影响收入的不确定因素很多，如暂时性失业、自然灾害等多种因素。完全使用收入来测算贫困可能造成对贫困的错误估计，主要包括以下两种情况：一是高收入者遭遇收入暂时性波动导致当年收入低于贫困线，被纳入贫困人口中，但农户有能力通过储蓄维持温饱，使消费高于贫困线水平；二是一部分农户消费水平常年低于温饱水平，但因偶然年景较好，收入高于贫困线水平，这部分农户可能被排除出贫困人口范围。以上两类状况可能造成贫困人口溢出和遗漏。但收入指标下的消费在人的一生中相对稳定，是一种更加恰当的福利指标。所以一些国家也常用消费衡量贫困，消费贫困可以确定在生活质量方面确实需要加以扶持的农户，但由于相对于收入变化，消费变化有一定的滞后性，消费贫困指数难以非常及时地反映扶贫工作的成效，也难以及时反映一些偶然因素如灾害的影响，不利于防止抗灾能力较弱的群体返贫。另外，完全的消费贫困也包括了一部分收入高于贫困线很多，或长期高于贫困线，而消费仍低于贫困线的农户，这部分农户需要的是消费意识、消费习惯、消费环境方面的引导和改变，而不是直接的经济援助。

因此，1998 年，中国在制定贫困标准时，进行了两方面的调整：收入低于贫困线，同时消费低于 1.5 倍贫困线；消费低于贫困线，同时收入低于 1.5 倍贫困线。将出现这两种情况之一视为陷入贫困。

(四)“两线合一线”

2008 年贫困标准的调整主要是“两线合一线”，将低收入线和贫困线合二为一。1987—2007 年，中国农村贫困标准的提高额不足 600 元，导致其与当年农民人均纯收入的比率不断降低，从 1985 年的 1/2 持续下降为 2007 年的 1/5，贫困农户的实际购买力不升反降。特别是随着中国农村相对贫困、发展贫困等问题日益严峻，较低的贫困标准越来越无法有效应对这些新挑战。为此，2008 年底国务院扶贫开发领导小组办公室（简称国务院扶贫办）决定上调贫困标准，把绝对贫困标准与低收入标准合二为一，统一为人均纯收入 1 067 元，取消将农村绝对贫困人口和低收入人口区别对待的政策①。

（五）2011 年贫困标准的调整

2011 年，经国家统计局测算、各部门共同研究、国务院确定，2011—2020 年的农村贫困标准为“按 2010 年价格水平每人每年 2 300 元”②。这次调整在 1998 年确定的贫困标准的基础上进行了两方面的改进。首先，食物贫困线确定中不仅仅考虑 2 100 大卡热量摄入，还要满足每人每天 60 克蛋白质摄入，重新确定了食物清单，并测算了食物贫困线；其次，在非食物贫困标准的确定上采用了更高标准的恩格尔系数法，假设食物支出占比 60%，进一步确定了非食物贫困线。2011 年调整贫困标准后，全国贫困人口由 2010 年的 2 688 万扩大至 1.66 亿。

2011 年对贫困标准的调整符合社会发展的要求。2011 年中国贫困标准相比之前提高了 92%，这主要是由于测算新标准的过程中考虑到贫困人口发展需求和贫困人口的消费结构升级的现实。从 1978 年到 2006 年，按照 1978 年贫困标准计算，中国绝对贫困人口从 2.5 亿下降到 2 148 万，减少了 2.29 亿；世界银行公布的相关数据也表明，全球减贫事业成就的 70%左右来源于中国。但相比于贫困人口的大规模减少，贫困标准的调整则是小步缓行，从 1985 年到 2009 年，中国贫困标准增长约 5 倍；与之形成鲜明对比的是，中国 GDP 由千亿元跃升至万亿元，增长了 42 倍③。经济社会的不断发展伴随着人民生活水平的不断提高、消费结构的升级，只要贫困人口置身于国家的发展过程中，就不会“逃离”这

① 刘娟. 扶贫新阶段与农村扶贫开发机制的完善路径. 桂海论丛，2010 (1).
② 王萍萍，徐鑫，郝彦宏. 中国农村贫困标准问题研究. 调研世界，2015 (8)：3-8.
③ 洪巧俊. 上调贫困标准折射担当与承诺. 新华网，2011-04-06.

一过程。因此，过低的贫困标准使得贫困人口“被脱贫”。而考虑了贫困人口发展需求、消费习惯等情况下制定的新标准是符合社会发展要求的。

贫困标准调整使得扶贫工作面临更大挑战。贫困标准的调整将会产生两个自然的结果：一是贫困人口数量剧增；二是贫困缺口拉大，即贫困人口实际收入和贫困标准之间的差距增大①。标准提高仅仅是直观表现，其背后是中国政府加大扶贫力度的决心。新标准下扶贫工作不能仅仅关注贫困人口的温饱，更要进一步加大教育、医疗、就业等发展性目标，将贫困人口自身发展能力建设纳入扶贫工作中。同时国家对扶贫工作的投入将进一步加大，贫困人口将会获得更多支持。

（六）中国与世界银行贫困标准比较

世界银行是研究贫困问题的重要机构，其贫困标准对中国的贫困测量意义重大。中国以往的贫困标准在一定程度上受到质疑：其一，与国际通用的贫困标准相比，中国的贫困标准明显偏低。世界银行的贫困标准是以 1985 年购买力平价即人均每天最低消费 1 美元（按国际可比价格计算），年收入低于 375 美元即为贫困，而 2005 年中国农村贫困标准是人均年收入 683 元，即人均每天 1.9 元，仅是国际绝对贫困标准的 22.2%。其二，贫困标准本身的问题。中国政府定义的贫困人口为人均纯收入低于当年贫困线的人口，该方法没有考虑纯收入计算中有形资产（如秸秆、生产工具等）的贡献，也没有考虑农民家庭消费支出的货币化②。

目前，世界银行主要使用每天 1.25 美元和每天 2 美元两个标准进行贫困测量，其中前一个标准用于衡量联合国千年发展目标中的极端贫困。根据中国现行的贫困标准，按照 2010 年不变价每人 2 300 元计算，中国贫困标准为每天 6.3 元。

---

① 谢来. 外媒关注中国贫困线新标准. 新华网，2011-12-12.

② 李小云，张雪梅，唐丽霞. 当前中国农村的贫困问题. 中国农业大学学报，2005(4)：67-74.

在对美元标准和人民币标准的贫困线进行比较时，以何种比例进行货币换算十分重要。如果按照现行的货币市场汇率，中国贫困标准的确低于世界银行标准。但按照购买力平价汇率计算，中国现行贫困标准相当于每天 1.6 美元。目前，世界银行更新以人民币表示的国际贫困标准的方法包括三步：用 2005 年购买力平价指数将美元标准换算成人民币标准；考虑中国城乡差异后，下浮对农村使用的国际贫困标准；用中国分城乡贫困人口生活消费价格指数进行年度更新①。

根据国家统计局贫困监测数据，中国现行的贫困标准已经可以使贫困人口实现“不愁吃、不愁穿”，在实现“三保障”（保障义务教育、基本医疗和安全住房）的条件下，中国贫困人口的实际生活水平基本与每人每天 2 美元的标准一致。在拥有基本住房的条件下，收入达到贫困线的农村家庭，恩格尔系数为 53.5%，能为贫困人口提供每天 4.1 元的食物支出，约可消费每天 1 斤米面、1 斤菜和 1 两肉的食物②，在达到 2 100 大卡的热量基础上，也实现营养层面的吃好。

二、中国当前的贫困状况和区域分布③

（一）中国贫困人口规模和分布

根据国家统计局对全国 31 个省（自治区、直辖市）16 万户农村居民家庭的抽样调查，按照现行国家农村贫困标准（每人每年 2 300 元，2010 年不变价）计算，2016 年全国农村贫困人口为 4 335 万，较 2015 年减少 1 240 万，降幅为 22.2%，贫困发生率为 4.5%，较上年下降 1.2 个百分点。

分区域看，中国贫困人口集中在中西部地区，西部地区贫困发生率

①② 王萍萍，徐鑫，郝彦宏．中国农村贫困标准问题研究．调研世界，2015（8）：3-8.

③ 本部分 2016 年的数据均来自：国家统计局住户调查办公室．中国农村贫困监测报告 2017．北京：中国统计出版社，2017.

最高。2016年，中国东部地区农村贫困人口为490万，贫困人口占全国农村贫困人口的11.3%，贫困发生率1.4%；中部地区农村贫困人口为1 594万，贫困人口占全国农村贫困人口的36.8%，贫困发生率4.9%；西部地区农村贫困人口为2 251万，贫困人口占全国农村贫困人口的51.9%，贫困发生率7.8%（见图1-1）。

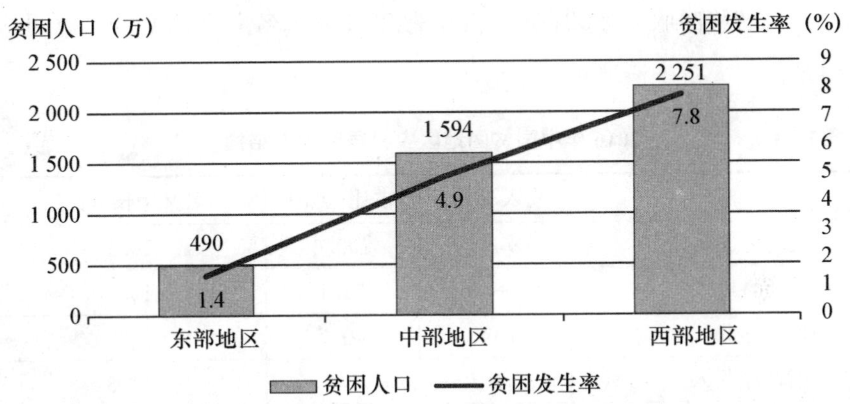

图1-1　2016年中国东、中、西部地区贫困人口及贫困发生率

分省来看，农村贫困人口在300万以上的省份有6个，比上年减少2个省，包括河南、湖南、广西、四川、贵州、云南；在100万～300万之间的省份有9个，包括河北、陕西、江西、山东、湖北、新疆、山西、安徽、甘肃；其余16个省份的贫困人口在100万以下。贫困发生率在10%以上的省份有5个，包括贵州、云南、西藏、甘肃、新疆；贫困发生率在5%～10%的省份有7个，包括陕西、湖南、海南、宁夏、广西、山西、青海；贫困发生率在3%～5%的省份有9个，包括河北、吉林、黑龙江、四川、安徽、江西、内蒙古、河南、湖北；其他10省贫困发生率均在3%以下，比上年增加2个省。

(二) 中国贫困地区农村人口的收支情况

1. 贫困人口收入情况

2016年贫困地区农村居民人均可支配收入为8 452元，相当于全国农村居民可支配收入的68.4%，名义增长10.4%，不考虑价格因素影响，实际增长 8.4%，实际增速高于全国农村平均水平 2.2 个百分点。

2016 年贫困地区农村居民人均可支配收入中，工资性收入 2 880 元，占比为 34.1%，名义增长 12.7%；经营净收入 3 443 元，占比为 40.7%，名义增长 4.9%；财产净收入 107 元，占比为 1.3%，名义增长 14.3%；转移净收入 2 021 元，占比为 23.9%，名义增长 17.4%（见表 1-1）。

表 1-1　　2016 年中国贫困地区农村居民收入结构

	收入（元）	占比（%）	名义增长（%）
人均可支配收入	8 451	100.0	10.4
工资性收入	2 880	34.1	12.7
经营净收入	3 443	40.7	4.9
财产净收入	107	1.3	14.3
转移净收入	2 021	23.9	17.4

2. 贫困人口消费情况

2016 年，贫困地区农村居民人均消费支出为 7 331 元，较上年名义增长 10.1%，不考虑价格因素，实际增长 8.1%。贫困地区农村居民消费支出占其可支配收入的 86.7%。

从结构来看，2016 年贫困地区农村居民人均食品烟酒消费支出 2 567 元，占消费支出比重为 35.0%，较上年名义增长 6.5%；人均衣着支出 423 元，占比 5.8%，名义增长 4.4%；人均居住消费 1 542 元，占比 21.0%，名义增长 12.2%；人均生活用品及服务支出 448 元，占比 6.1%，名义增长 9.2%；人均交通通信支出 803 元，占比 11.0%，名义增长 15.9%；人均教育文化娱乐支出 790 元，占比 10.8%，名义增长 16.2%；人均医疗保健支出 638 元，占比 8.7%，名义增长 12.5%；其他商品和服务人均支出 120 元，占比 1.6%，名义增长 4.0%（见表 1-2）。

表 1-2　　2016 年中国贫困地区农村居民消费情况

	消费支出（元）	占比（%）	名义增长（%）
人均消费支出	7 331	100.0	10.1
食品烟酒	2 567	35.0	6.5
衣着	423	5.8	4.4
居住	1 542	21.0	12.2
生活用品及服务	448	6.1	9.2
交通通信	803	11.0	15.9
教育文化娱乐	790	10.8	16.2
医疗保健	638	8.7	12.5
其他商品和服务	120	1.6	4.0

从消费水平看，居住和食品烟酒消费支出是贫困地区农村居民消费支出的重要部分；从增速上看，教育文化娱乐和交通通信消费增长幅度超过 15%，是影响人均消费支出提高的重要因素。

(三) 中国扶贫重点县贫困状况

1. 扶贫重点县的确定

作为连片扶贫开发的重点工作，国家扶贫开发工作重点县的确认始于 1986 年，并在 1994 年、2001 年、2011 年和 2017 年进行了 4 次调整，在今后的几年，贫困县将会逐渐减少并退出历史舞台。

1986 年，中国首次确定 331 个国家重点扶持贫困县。当时的贫困标准为：按照 1985 年农民人均纯收入计算，农区县低于 150 元，牧区县低于 200 元，革命老区县低于 300 元。

1994 年，贫困县第一次调整在《国家八七扶贫攻坚计划（1994—2000 年）》颁布之后随即展开。按照 1992 年标准，人均纯收入超过 700 元的县退出，低于 400 元的县列入扶持范围。由此确定了全国 592 个国家重点扶持贫困县。

2001 年，《中国农村扶贫开发纲要（2001—2010 年）》颁布后，中国贫困县进行了第二次调整，贫困县改称国家扶贫开发工作重点县（简称重点县)。这次调整内容包括：东部地区重点县全部撤销，并将其33个重点县指标转移到中西部；西藏自治区整体享受重点县待遇，不占重点县指标。全国重点县结构发生变化，但仍为592个。

2011年，《中国农村扶贫开发纲要（2011—2020年）》颁布实施，重点县进行了第三次调整。这次调整中调出原有的38个重点县，调入38个县，保持重点县总数不变。与以往两次调整不同，这次将确定重点县的权力下放到省，各省可以根据实际情况，按照“高出低进，出一进一，严格程序，总量不变”的原则确定重点县，但不得将集中连片特殊困难地区（简称连片特困地区）内重点县指标调到片区外使用。根据地理上连片、致贫原因和资源条件类似性的原则，在全国划定了11个连片特困地区，加上西藏、新疆南疆三地州和四川、云南、甘肃和青海四省藏区，总共14个，包括680个县（片区县），其中有440个县同时又是重点县。因此，2011年后，片区县和重点县又统称为贫困县。同时在新纲要明确提出：“原定重点县支持政策不变。各省（自治区、直辖市）要制定办法，采取措施，根据实际情况进行调整，实现重点县数量逐步减少。重点县减少的省份，国家的支持力度不减。”重点县中存在的所谓百强县，已被全部调出。

2016年，全国共有28个贫困县提出贫困县退出申请。江西省井冈山市、河南省兰考县率先通过国家专项评估检查，2017年2月由省级政府批准退出。2017年下半年，全国9个省区市的26个贫困县，包括河北省望都县、海兴县、南皮县，江西省吉安县，河南省滑县，重庆市万州区、黔江区、丰都县、武隆区、秀山土家族苗族自治县，四川省南部县、广安区，贵州省赤水市，西藏自治区城关区、亚东县、卡若区、巴宜区、乃东区，青海省河南蒙古族自治县、同德县、都兰县，新疆维吾尔自治区巴里坤哈萨克自治县、民丰县、察布查尔锡伯自治县、托里县、青河县，也顺利通过国家专项评估检查，由省级政府正式批准退出。贫困县退出包括4个指标，分别为贫困发生率必须低于2%（西部地区低于3%）、脱贫人口错退率必须低于2%、贫困人口漏评率必须低于2%和群众认可度必须高于90%，任何一项指标不符合条件的，不予退出。这 28 个贫困县脱贫摘帽，标志着我国贫困县绝对数量开始减少，客观上打破了片区的整体性，为通过合法程序解决区域性整体贫困创造了条件。

需要说明的是，从统计上看，对重点县的统计数据仍然以 592 个国家扶贫开发工作重点县为主。

2. 扶贫重点县基本情况

中国 592 个重点县行政区划面积 251 万平方公里，占全国行政区划总面积的 26%；2015 年地区生产总值 43 115 亿元，占 GDP 的比重为 6.3%；粮食总产量 11 599 万吨，占全国粮食总产量的 18.7%。从地域分布情况来看，中部 217 个，西部 375 个；从民族分布来看，民族八省区计 232 个（见表 1 - 3）。

表 1 - 3　　中国扶贫重点县分布情况

省（自治区、直辖市）	扶贫重点县（个）
河北	39
山西	35
内蒙古	31
吉林	8
黑龙江	14
安徽	19
江西	21
河南	31
湖北	25
湖南	20
广西	28
海南	5
重庆	14
四川	36
贵州	50
云南	73

续前表

省（自治区、直辖市）	扶贫重点县（个）
陕西	50
甘肃	43
青海	15
宁夏	8
新疆	27

资料来源：国家扶贫开发工作重点县名单．国务院扶贫开发领导小组办公室网站，2012-03-19.

3. 扶贫重点县减贫情况

根据国家统计局农村贫困监测调查，按照现行农村贫困标准（每年每人 2 300 元，2010 年不变价）测算，2016 年扶贫重点县农村贫困人口为 2 219 万，较上年下降 674 万，下降幅度为 23.3%，贫困发生率为 10.5%，较上年下降 3.2 个百分点。其中，扶贫重点县农村贫困人口超过 300 万的省份有 1 个，即云南（316 万人）；农村贫困人口数量在 200 万～300 万的省份有 2 个，分别是贵州（279 万人）、甘肃（217 万人）。扶贫重点县中农村贫困人口较上年减少超过 50 万的省份有 3 个，分别是贵州（减少 74 万人）、云南（减少 64 万人）、安徽（减少 50 万人）。

4. 扶贫重点县收支增长情况

(1) 扶贫重点县收入情况。

2016 年中国扶贫重点县农村居民人均可支配收入为 8 355 元，相当于全国农村居民人均可支配收入的 67.6%。扶贫重点县农村常住居民人均可支配收入名义增长 10.8%，增速高于全国农村居民人均可支配收入名义增长率 2.6 个百分点。

2016 年扶贫重点县农村居民可支配收入中，工资性收入 2 797 元，占比为 33.5%，名义增长 12.8%；经营净收入 3 385 元，占比为 40.5%，名义增长 5.4%；财产净收入 103 元，占比为 1.2%，名义增长

15.0%；转移净收入 2 070 元，占比为 24.8%，名义增长 17.5%（见表 1－4）。

表 1－4　　2016 年扶贫重点县收入结构

	收入（元）	占比（%）	名义增长（%）
人均可支配收入	8 355	100	10.8
工资性收入	2 797	33.5	12.8
经营净收入	3 385	40.5	5.4
财产净收入	103	1.2	15.0
转移净收入	2 070	24.8	17.5

2013—2016 年中国扶贫重点县农村居民收入持续增长。2013—2016 年，扶贫重点县农村居民人均可支配收入四年累计增长 64.4%，年均名义增长 13.2%。2016 年扶贫重点县农村居民人均可支配收入水平相当于全国农村人均可支配收入的 67.6%，较 2012 年扶贫重点县农村居民人均纯收入占全国农村居民人均纯收入的比重上升 9.4%，与全国农村平均水平的差距不断缩小（见表 1－5）。

表 1－5　　2012—2016 年扶贫重点县收入增长情况

年份	人均纯收入（元）	人均可支配收入（元）	名义增长（%）
2012	4 602	5 090	16.8
2013	5 389	5 945	17.0
2014	6 088	6 717	13.0
2015	6 836	7 543	12.3
2016		8 355	10.8

注：本书表格中的空格大部分为数据缺失。

（2）扶贫重点县消费情况。

2016 年，扶贫重点县农村居民人均消费为 7 260 元，较上年名义增长 9.7%。扶贫重点县农村居民人均消费支出占其可支配收入的 86.9%，比全国平均水平高 5.0 个百分点。

从结构来看，2016 年扶贫重点县农村居民人均食品烟酒消费支出 2 573 元，占消费支出比重为 35.4%，较上年名义增长 5.9%；人均衣着支出 414 元，占比 5.7%，名义增长 3.5%；人均居住消费1 516元，占比 20.9%，名义增长 11.7%；人均生活用品及服务支出 443 元，占比 6.1%，名义增长 8.7%；人均交通通信支出 783 元，占比 10.8%，名义增长 15.2%；人均教育文化娱乐支出 782 元，占比 10.8%，名义增长 16.6%；人均医疗保健支出 636 元，占比 8.8%，名义增长 13.6%；人均其他商品和服务支出 112 元，占比 1.5%，名义增长 2.8%（见表 1-6）。

表 1-6　　2016 年扶贫重点县农村居民消费情况

	消费支出（元）	占比（%）	名义增长（%）
人均消费支出	7 260	100.0	9.7
食品烟酒	2 573	35.4	5.9
衣着	414	5.7	3.5
居住	1 516	20.9	11.7
生活用品及服务	443	6.1	8.7
交通通信	783	10.8	15.2
教育文化娱乐	782	10.8	16.6
医疗保健	636	8.8	13.6
其他商品和服务	112	1.5	2.8

从消费水平来看，食品烟酒和居住是扶贫重点县农村居民消费的重要内容；从增速上看，教育文化娱乐和交通通信增长幅度超过 15.0%，是影响人均消费支出提高的重要因素。

5. 扶贫重点县农村居民生产生活条件

2016 年扶贫重点县农村居民住房状况有所改善。居住竹草土坯房的农户比重为 4.9%，较 2015 年下降 1.3%；使用照明电的农户占比为 99.2%，较上年增加 0.6%；独用厕所的农户占比为 94.2%，较上年增加 0.5%。2016 年扶贫重点县中，使用管道供水的农户占比为 67.4%，使用经过净化处理自来水的农户占比 41.3%，饮水无困难农户占比 87.8%；炊用柴草的农户占比为 52.8%。

扶贫重点县农村住户耐用品拥有量较 2015 年明显增加。2015 年扶贫重点县农村百户拥有汽车 10.9 辆，较 2015 年增加 2.8 辆；百户拥有洗衣机 80.5 台，较上年增加 5.2 台；百户拥有电冰箱 74.8 台，较上年增加 7.3 台；百户拥有移动电话 223.4 部，较上年增加 16.4 部；百户拥有计算机 15.0 台，较上年增加 1.7 台。

扶贫重点县基础设施和公共服务状况改善明显。2016 年，各省扶贫重点县中所在自然村通宽带的农户比重提高了 6.9 个百分点；所在自然村进村主干道路硬化的农户比重提高了 2.3 个百分点；所在自然村能便利乘坐公共汽车的农户比重提高了 3.3 个百分点；所在自然村垃圾能集中处理的农户比重提高了 7.0 个百分点；所在自然村有卫生站的农户比重提高了 2.0 个百分点；所在自然村上幼儿园和小学便利的农户比重分别提高了 3.8 个和 3.6 个百分点。

（四）中国连片特困地区基本情况

《中国农村扶贫开发纲要（2011—2020 年）》明确提出："贫困地区特别是集中连片特殊困难地区发展相对滞后，扶贫开发任务仍十分艰巨。"将连片特困地区作为扶贫攻坚的主战场。六盘山区、秦巴山区、武陵山区、乌蒙山区、滇桂黔石漠化区、滇西边境山区、大兴安岭南麓山区、燕山-太行山区、吕梁山区、大别山区、罗霄山区等区域的连片特困地区和已明确实施特殊政策的西藏、四省藏区、新疆南疆三地州 14 个连片特困地区成为新阶段中国扶贫开发的重点。

2011 年，按照集中连片、突出重点、全国统筹、区划完整的原则，以 2007—2009 年三年的人均县域国内生产总值、人均县域财政一般预算性收入、县域农民人均纯收入等与贫困程度高度相关的指标为标准，这三项指标均低于同期西部平均水平的县（市、区），以及自然地理相连、气候环境相似、传统产业相同、文化习俗相通、致贫因素相近的县划分为连片特困地区。在划分过程中，对少数民族县、革命老区县和边境县采用了增加权重的办法予以倾斜照顾，在全国共划分出 11 个连片特困地区，加上已经实施特殊扶持政策的西藏、四省藏区、新疆南疆三地州[①]。

中国14个连片特困地区覆盖21个省（自治区、直辖市）、680个县，其中国家扶贫开发工作重点县有440个，民族自治地方县371个，革命老区县252个，陆地边境县57个。2015年其行政区划面积402万平方公里，约占全国行政区划总面积的42%。片区县加上重点县共计832个，到2020年，以贫困发生率为主要衡量标准，原则上贫困县贫困发生率降至2%以下（西部地区降至3%以下），经过一定的程序有序退出，中国将实现贫困人口在现行标准下全脱贫、所有贫困县全部摘帽。

1. 连片特困地区减贫情况

2016年中国连片特困地区农村贫困人口为2 182万，较上年减少693万，降幅为24.1%，贫困发生率10.5%，较上年降低3.4个百分点。14个片区中，贫困人口规模在300万以上的片区有1个，为滇桂黔石漠化区（312万人，贫困发生率11.9%）；在200万～300万的片区有5个，分别是武陵山区（285万人，贫困发生率9.7%）、乌蒙山区（272万人，贫困发生率13.5%）、秦巴山区（256万人，贫困发生率9.1%）、大别山区（252万人，贫困发生率7.6%）、六盘山区（215万人，贫困发生率12.4%）；在100万～200万的片区有1个，为滇西边境山区（152万人，贫困发生率12.2%）；其他7个片区贫困人口规模均在100万以下。14个连片特困地区中，2016年贫困人口均超过100万，但是秦巴山区贫困人口减少98万、武陵山区贫困人口减少96万，滇桂黔石漠化区贫困人口减少90万。2016年连片特困地区14个片区中，2016年贫困发生率最高的五个片区分别为乌蒙山区（13.5%）、吕梁山区（13.4%）、西藏（13.2%）、四省藏区（12.7%）和新疆南疆三地州（12.7%）。贫困发生率下降幅度最大的

① 国家扶贫开发工作重点县和连片特困地区县的认定. 国务院扶贫开发领导小组办公室网站，2013-03-01.

4 个片区为西藏（下降 5.4 个百分点）、乌蒙山区（下降 5.0 个百分点）、六盘山区（下降 3.8 个百分点）和四省藏区（下降 3.8 个百分点）。

2. 连片特困地区农村居民收支情况

（1）连片特困地区农村居民收入情况。

2016 年，连片特困地区农村居民人均可支配收入 8 348 元，较上年名义增长 10.9%。与全国农村居民平均水平相比，连片特困地区农村居民人均可支配收入只达到了全国农村居民平均水平的 67.5%。扣除价格因素，实际增长 8.9%，连片特困地区农村居民收入实际增速高出全国平均水平 2.7 个百分点。

从各片区的情况看，人均可支配收入最高的 3 个片区为：大别山区（9 804 元）、西藏（9 094 元）和秦巴山区（8 769 元）。名义增长率最高的 4 个片区为乌蒙山区（14.3%）、四省藏区（12.9%）、武陵山区（12.2%）和大兴安岭南麓山区（12.2%）。14 个片区的农村常住居民人均可支配收入名义增长率均高于全国平均水平。

从收入结构看，连片特困地区农村居民可支配收入中，工资性收入为人均 2 846 元，占收入的 34.1%；经营净收入为 3 429 元，占比达 41.1%，其中第一产业经营净收入为 2 647 元，占比 31.7%；财产净收入 97 元，占比 1.1%；转移净收入 1 976 元，占比 23.7%（见图1-2）。各类收入中，名义增长率最高的是转移净收入，较上年增长 18.0 个百分点。财产净收入较上年增长 16.2 个百分点，工资性收入增长 13.7 个百分点，经营净收入增长 5.0 个百分点。

（2）连片特困地区农村居民消费情况。

消费方面，2016 年连片特困地区农村居民人均消费为 7 273 元，较上年名义增长 10.7 个百分点。连片特困地区农村居民消费水平达到全国农村居民平均水平的 71.8%，名义增长率高出全国平均水平 0.9 个百分点。

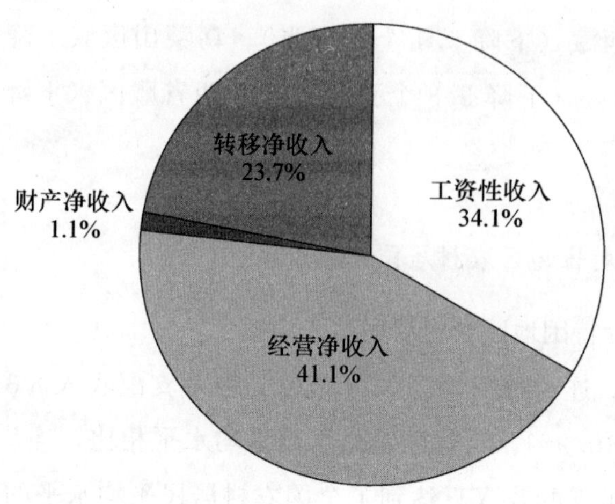

图 1-2　2016 年连片特困地区农村居民收入结构

分片区来看，人均消费水平最高的 3 个片区为大别山区（8 518 元）、武陵山区（7 832 元）和秦巴山区（7 678 元）；名义增长率最高的 3 个片区为四省藏区（名义增长率为 13.8%）、大兴安岭南麓山区（名义增长率为 13.1%）、武陵山区（名义增长率为 12.0%）；消费支出名义增长率低于全国平均水平的片区有 7 个，分别是燕山-太行山区、新疆南疆三地州、吕梁山区、西藏、秦巴山区、六盘山区和滇西边境山区，分别较全国平均水平低 4.6、4.0、3.3、1.0、1.0、0.9 和 0.6 个百分点。

从消费结构看，连片特困地区农村人均居民食品烟酒支出 2 575 元，占人均消费的 35.4%；人均衣着支出 414 元，占比 5.7%；人均居住支出 1 519 元，占比 20.9%；人均生活用品及服务支出 447 元，占比 6.1%；人均交通通信支出 790 元，占比 10.9%；人均教育文化娱乐支出 788 元，占比 10.8%；人均医疗保健支出 623 元，占比 8.6%；其他商品和服务人均支出 118 元，占比 1.6%。其中，名义增长率最高的 3 个分项消费为教育文化娱乐支出（名义增长 17.3%）、交通通信支出（名义增长 16.0%）、医疗保健支出（名义增长 14.6%）（见表 1-7）。

表 1－7　　2016 年连片特困地区农村居民消费情况

	消费支出（元）	占比（%）	名义增长（%）
人均消费支出	7 273		
食品烟酒	2 575	35.4	6.1
衣着	414	5.7	5.5
居住	1 519	20.9	13.1
生活用品及服务	447	6.1	9.8
交通通信	790	10.9	16.0
教育文化娱乐	788	10.8	17.3
医疗保健	623	8.6	14.6
其他商品和服务	118	1.6	10.2

3. 连片特困地区农村居民生产生活条件

中国连片特困地区农村居民生活条件持续改善，但饮水安全问题亟须解决。2016 年中国连片特困地区居住竹草土坯房的农户比重为 4.8%，较 2015 年下降 1.3 个百分点。使用照明电的农户比重为 99.2%，基本实现了生活用电的全覆盖。独用厕所的农户比重为 93.9%，较上年提高 0.9 个百分点。炊用柴草的农户比重为 52.0%，较上年下降 3.5 个百分点。在饮水方面，连片特困地区中，使用管道供水的农户比重为 67.4%，饮水无困难户比重为 86.9%，使用净化处理自来水的农户比重仅为 38.5%，与电力使用情况相比，连片特困地区的饮水状况，尤其是饮水安全问题亟待解决。

分片区情况看，大兴安岭南麓山区和新疆南疆三地州农村住房条件较差，2016 年分别有 13.9%和 10.0%的农户居住竹草土坯房；四省藏区农村居民用电问题突出，使用照明电的农户比重仅为 92.0%，较 14 个连片特困地区平均水平低 7.2 个百分点；西藏和滇西边境山区农户饮水问题突出，仍有超过 20.0%的农户饮水困难；大兴安岭南麓山区和西藏使用管道供水农户占比较低，均低于 50.0%，较全部片区平均水平分别低 20.5 个、18.5 个百分点。自来水净化处理情况不乐观，有 10 个片区低于全部片区 38.5%的平均水平，仅有 4 个片区高于全部片区平均水平，为六盘山区、滇桂黔石漠化区、大别山区和新疆南疆三地州，六盘山区情况最好，使用经过净化处理自来水的农户比重达到 62.3%。

耐用消费品方面，2016 年中国连片特困地区农村住户每百户拥有汽车 10.6 辆，每百户拥有洗衣机 80.4 台，每百户拥有电冰箱 73.8 台，每百户拥有移动电话 226.1 部，每百户拥有计算机 13.6 台。与 2015 年相比，中国连片特困地区农户耐用品数量均有增长，其中，汽车拥有量增长速度最快，增幅达到 34.2%。分片区看，2016 年耐用品拥有量较少的片区包括吕梁山区、罗霄山区、乌蒙山区、新疆南疆三地州和西藏，分别在汽车、洗衣机、电冰箱、移动电话和计算机五个方面拥有量最少。

基础设施和公共服务方面，中国连片特困地区 2016 年所在自然村通公路的农户比重达到 99.8%，基本实现全覆盖，所在自然村进村主干道路硬化的农户比重为 95.6%；所在自然村通电话的农户比重为 99.9%，同样基本实现全覆盖；所在自然村能接收有线电视信号的农户比重为 93.4%；所在自然村能便利乘坐公共汽车的农户比重为 61.2%；所在自然村通宽带的农户比重为 77.4%；所在自然村垃圾能集中处理、有卫生站的农户比重分别为 49.5%、90.6%；所在自然村上幼儿园和小学便利的农户比重达到 79.6% 和 85.2%。由此可以看出，全部片区中的农户便利乘坐公共汽车和垃圾集中处理需要进一步加强。

三、中国贫困人口主要致贫原因

中国贫困人口的致贫原因复杂多样，包括自身发展动力不足、健康状况差、劳动力不足、基础设施落后、自然条件恶劣等。这些因素与贫困之间存在复杂的双向因果关系，受到区域发展程度的制约，是一个宏观与微观、内源与外生、时间与空间的复杂系统。因此，在讨论贫困人口的致贫原因时，不仅要关注贫困人口自身因素，也要了解区域发展、时代特征对贫困的影响。

(一) 自身发展能力不足

从内生动力看，贫困人口最重要的致贫原因是教育水平低、缺乏技术和资金。

根据 2015 年国务院扶贫办建档立卡贫困人口信息系统中关于致贫原因的统计，35.5%的贫困农户因缺资金致贫，22.4%的贫困农户因缺技术致贫。从文化程度看，文盲或半文盲占 14.8%，小学占 39.9%，初中占 37.3%，高中占 5.7%，大专以上占 2.3%。全国贫困人口的文化程度整体上明显低于全国农村人口文化程度。

中国贫困地区教育资源匮乏，教育成本高。2016 年，中国各省贫困地区所在自然村上幼儿园和小学便利的农户比重分别是 79.7%、84.9%。山西、内蒙古、吉林、黑龙江、重庆这一比例均低于 75%。贫困地区儿童在义务教育阶段，有 12%的学生上学花费时间在半小时以上。学前教育和基础教育设施不足制约了贫困人口接受教育。

教育成本偏高，尤其是寄宿制学生生活费问题严重制约了贫困人口接受正规教育。2001 年，国务院发布的《关于基础教育改革与发展的决定》提出，要“因地制宜调整农村义务教育学校布局”，“农村小学和教学点要在方便学生就近入学的前提下适当合并”，由此，中国农村地区“撤点并校”广泛开展。在中国农村人口，尤其是学龄儿童人数不断减少的前提下，撤点并校有利于教育资源整合，降低财政成本。但与此同时，部分贫困地区，尤其是地理位置偏远、人口数量少的贫困村，撤点并校后，各个乡镇建设大量寄宿制学校，对于偏远地区的学生，住校成了唯一的选择。虽然中国义务教育阶段实行“两免一补”政策，但住校导致的高额交通费和生活费给贫困家庭的孩子接受教育带来了巨大障碍。根据 2013 年在武陵山区的调研，贫困农户户均教育支出为 7 475 元，人均教育支出为 1 946.50 元，占 2012 年人均纯收入的 54.02%。在教育支出中，生活费占比仍处于首位，占全部支出的 47.96%。2012 年乌蒙山片区的调研也反映了教育支出过高的问题，乌蒙山区人均教育支出 3 222.17 元，其中生活费占比 34.23%，达到 1 103.14 元。为了解决低龄儿童住校不便的问题，很多贫困家庭的孩子需要陪读，一方面削弱了家庭的劳动能力，另一方面也增加了在乡镇租房、日常生活等开支，对于贫困家庭压力很大。

(二) 健康状况

2016年贫困地区农村居民中，身体状况为健康的人数占91.1%，基本健康占5.6%，不健康但生活能自理占2.9%，生活不能自理的比重为0.4%。2016年贫困地区农村居民中，身体存在残疾的占3.8%，其中，肢体残疾占1.0%，视力残疾占0.8%，听力残疾占0.3%。生病之后，能及时就医的比重为96.0%。在不能及时就医的主要原因中，经济困难和距离医院太远所占比重分别为19.9%和75.3%。

根据全国建档立卡贫困人口信息，在贫困农户中，疾病是主要的致贫原因，42.1%的贫困农户因病致贫，因残致贫的比例达到5.8%。

(三) 劳动力情况

贫困地区家庭劳动力不足，导致生计困难。2015年贫困地区农村常住劳动力占全部常住成员的比重为66.1%，较2012年下降3.2个百分点，劳动力比重下降是人口老龄化和农村外出人口比重不断提高共同作用的结果。在建档立卡农户中，16.8%的农户因为缺少劳动力致贫。

劳动力不足的主要原因是农村老龄化严重、家庭成员患病残疾比例较高。中国农村有结婚分家的传统，一旦子女成婚，往往与老年人分户生活。随着老年人年龄增长，家庭自然出现劳动力不足、生计难以维持的状况。部分地区老年人与家中长子共同生活，家庭规模缩小，劳动力有限，一旦家庭成员中一人生病，整个家庭都会陷入劳动力不足、发展能力受限的贫困陷阱当中。农村体力劳动繁重、保健意识不足、医疗条件有限使得大量家庭成员患病，甚至致残，限制了贫困户的发展。

除了劳动力数量不足，贫困地区还面临着劳动力质量较低的困境。

2016 年贫困地区劳动力中，不识字或识字不多所占比重为 8.0%，小学文化程度占 34.4%，初中文化程度占 46.2%，高中文化程度占 8.6%，大专及以上文化程度占 2.8%。

不同产业劳动力中，文化程度分布也不同。在第一产业劳动力中，不识字或识字不多所占比重为 10.3%，比第二产业、第三产业分别高 7.5 个百分点、7.8 个百分点。在第二产业劳动力中，高中及以上文化程度所占比重为 25.5%，比第一产业、第三产业分别高 18.3 个百分点和 13.9 个百分点。2016 年，受过非农技能培训的劳动力占全部劳动力的比重为 13.6%。

(四) 基础设施状况

中国贫困地区普遍面临基础设施条件差的问题，主要反映在家庭住房质量差、自然村通达率低、乡镇基础设施有限等方面。基础设施条件决定了农户的信息可及性、产品销售成本、生产成本等经济指标，同时还与农户家庭生活水平、精神文化生活状态等息息相关，因此，贫困地区基础设施状况与贫困人口的福利紧密相关。

2016 年贫困地区农村居民户均住房面积为 137.3 平方米。居住在钢筋混凝土房或砖混材料房的农户比重为 57.1%，居住竹草土坯房的农户比重为 4.5%。2016 年，贫困地区农户中，住宅外道路为水泥或柏油路面的比重为 56.9%，为沙石或石板等硬质路面的比重为 20.2%，为其他路面的占 22.9%。2016 年贫困地区住宅外道路硬化的农户比重为 77.1%.

与全国农村平均水平相比，居住钢筋混凝土房或砖混材料房的农户比重比全国农村平均水平低 7.3 个百分点，住宅外道路硬化的农户比重比全国农村平均水平低 8.3 个百分点。

从自然村通达状况看，截至 2016 年，贫困地区通电的自然村基本实现全覆盖；所在自然村通电话、通有线电视信号、通宽带的农户比重分别达到 99.9%、94.2%和 79.8%。2016 年，贫困地区所在自然村主干道路面经过硬化处理的农户比重为 96.0%，所在自然村能便利乘坐公共汽车的农户比重为 63.9%。

从整体看，中国贫困地区自然村道路状况在逐步改善，但仍存在道路状况不佳的情况，交通运力有限。这一状况使得贫困地区信息通达程度下降，加大了农产品销售的交易成本，提高了农资运入的运输费用。同时，在生活方面，由于道路状况不佳，农户就医、上学的成本增加，使得需要常年往返医院的家庭或住校的学生生活成本提高，在一定程度上加剧了贫困状况。

（五）自然条件

贫困地区因灾致贫是不可忽视的重要事实。近七成贫困行政村经历过自然灾害。根据《中国农村贫困监测报告 2016》公布的数据，2015 年贫困地区 62.1%的村经历了自然灾害，主要以旱灾、水灾、植物病虫害为主，分别占 27.6%、15.5% 和 37.9%；37.9%的村没有经历灾害。建档立卡贫困人口中，因灾致贫的比例达到 5.8%。

地形地貌不利于生产发展。中国大量贫困人口分布在山大沟深的山区，基础设施建设成本极高，且后期不易维护。在实地调研中，云南、贵州等西南省份存在大量的山区贫困村。这些贫困村基础设施建设极为落后，往往是今年修好路，明年就会被洪水冲毁，建设和维护十分困难。

Poverty Alleviation in Contemporary China

Poverty Alleviation in CONTEMPORARY CHINA

第 2 章

中国扶贫政策的演变

2 中国扶贫政策的演变

贫困作为一种经济社会现象，嵌入经济社会发展的过程中，贫困问题是中国社会经济发展进程中无法回避的重大问题。中国政府实行的是政府主导的以促进贫困人口集中区域自我发展能力的提高和推动区域经济发展来实现稳定减缓和消除贫困的战略。伴随着中国宏观经济体制和发展战略的变化，中国的扶贫开发经历了制度不断变革、政策不断改革、方式不断创新的漫长历程，中国政府根据不同发展阶段及贫困人口特征，确定了不同的减贫目标和任务，在宏观的发展格局中确定扶贫的地位、以宏观发展制度的建立和完善来选择和确定扶贫制度创新和完善的方向以及应对贫困的政策目标，从保障贫困群体生存拓展到降低致贫风险，并强调帮助有一定劳动能力的弱势群体发挥自身潜力和赢得发展机会。贫困的演变一般会经历极端贫困、一般贫困和相对贫困三个阶段。极端贫困是指贫困人口不能满足基本生存需要，生活甚至不得温饱；一般贫困是指贫困人口虽然解决了温饱，但无力满足基本的非食品需要，缺乏自身发展能力，无力真正摆脱贫困；相对贫困是指收入能基本满足生活需要，但相对于高收入阶层他们还是贫困的。中国的减贫目标大致可以分成三个层次：一是要解决贫困人口的生存问题；二是要为贫困人口创造基本的生产、生活条件；三是要培养和增强贫困人口摆脱贫困、独立发展的能力。中国的扶贫政策体系大致可以分为三个组成部分：救济性政策、预防性政策和开发性政策。救济性政策一般指当贫困确实发生时，给予贫困人口物质和金钱的援助，努力减少其负面影响和损害的各项政策；预防性政策一般指通过提前干预来防止贫困发生或降低贫困发生概率的各项政策；开发性政策一般指消除贫困者的脱贫障碍，增加其自我积累和发展能力，拓展其脱贫机会的各项政策。根据相应的帮扶政策因户制宜实施帮扶：对丧失劳动能力的贫困人口给予相应的救济、救助，实现政策“兜底”。对遭受自然灾害冲击的贫困人口，给予及时救济，并为其灾后重建与发展提供帮助；对因病、因学等生活负担沉重的贫困家庭，在给予适当补助、保证其基本生存生活需要的同时，着力降低其风险和脆弱性，逐步培养其自我发展能力；对大部分具有劳动能力的贫困人口，通过多种形式的开发式扶贫措施，提高其自我发展能力。

中国扶贫政策演变可以划分成几个明显的阶段，各个阶段均根据国民经济发展水平和国家财力状况确定国家扶贫标准，根据贫困人口分布状况适时确定并调整国家扶持的重点区域，制定相应的国家扶贫规划政策和具体实施行动，寻求既定扶贫成本下最大的减贫效果或既定减贫目标下的最小成本的扶贫方式，在国家财政能力可以承受和行政能力可以执行的条件下尝试瞄准真正的贫困人口，做到扶贫资源有效传递到真正的贫困人口，扶贫政策具有明显的阶段性特征。

一、保障生存阶段的扶贫政策（1949—1978年）

1949年新中国成立时，中国国民经济处于崩溃的边缘。中国政府根据当时国际和国内的政治经济环境，选择了通过行政管理手段对社会资源进行配置的计划经济体制和优先发展重工业的战略。1949—1957年的三年恢复期及第一个五年计划时期，一方面建立了具有相当实力的国营经济，另一方面对农业、手工业和资本主义工商业进行了社会主义改造。1950年开始的土地改革，重新分配了大约占全国耕地面积43%的土地、地主乡绅的牲畜以及他们绝大部分的生产生活资料给贫穷或无地的农民，以保证"耕者有其田"。1953年开始的农业生产合作化运动，提出要在几年内全国普及农业生产合作社，到1956年底，全国90%的农户参加了将土地和生产资料的所有权由私有变为集体所有，实行集体劳动、按劳分配和积累归公的高级合作社。随着国家对农业进行社会主义改造，建立和普及高级合作社，彻底切断了产生贫富差距或两极分化的经济根源，避免了更多的农民因失去土地而陷入贫困。国民经济的快速恢复，使全国农村居民收入状况有了一定的改善。农村居民家庭人均收入按可比价格计算（1950年=100），由1952年的49.35元增加到1957年的57.62元，增加了16.8%。但由于总体的经济发展水平较低，加上国家通过动员大量的农村剩余劳动力来支持重工业的发展，全国很大比例的农村居民还没有摆脱贫困状态。

在1958—1978年国民经济曲折发展的过程中，与农业、农村和农民密切相关的是人民公社体制。其目的是在生产力水平不高的基础上建立一个人人经济平等的社会体系，推动农业快速发展，为全国各条战线特别是工业“大跃进”奠定坚实基础，以支持国家的工业发展计划。人民公社建立了一种“三级所有、队为基础”的体制，实行集体经营、统一核算制度以及定工计酬、按劳分配、公共积累的分配制度，既是一种经济组织，又是一级政权机构，具有“政社合一”的属性。在低收入水平的情况下，人民公社通过实行土地和生产资料集体所有制以及按劳分配的平均分配制度，在公共积累基础上发展农村公共事业，建立以集体经济为依托的社会保障制度，给农民带来了好处，人民公社成为农民福利的依靠。在基础设施建设方面，中国政府通过其对资源的有效控制，在全国范围内开展大规模的农村基础设施建设，改善了农村灌溉设施和交通条件。同时，通过建立全国性农村信用合作社网络，改善了农村金融服务。形成了农业技术推广网络，并积极为农民提供农业技术推广服务。在教育方面，全国农村基本形成了生产队办小学、公社办中学、“区委会”办高中的农村教育格局，创造了“政府补贴＋公社的公共经费分担”的全民办教育模式。在医疗方面，全国农村首次建立了以集体经济为基础，以集体与个人相结合、互助互济的合作医疗体制，并形成了公社设立卫生院、生产大队设立医疗站的农村医疗卫生网。在社会保障方面，全国农村创建了以人民公社集体经济为依托的社会保障制度，主要包括农村五保供养制度，为农村中缺乏劳动力又缺乏生活来源的老弱孤寡残幼人群提供保吃、保穿、保住、保医和保葬（孤儿为保教）。在特困户救济和救灾方面，为抗拒自然灾害，建立了储备粮制度。但在这一时期，优先发展重工业的战略并没有改变，国家通过财政税收、储蓄和统购统销等途径从农业获取了大量剩余来支持工业发展，在一定程度上牺牲了农民利益。人民公社体制和各种经营制度使经营管理过于集中，收入分配过于平均，严重压抑和挫伤了农民的劳动积极性，导致农业生产效益低下，停滞不前，有相当比例的农村居民处于吃不饱的状态。

总的说来，这一阶段基于“贫困致因主要在于所有制”的认知，贫困治理主要围绕“所有制改造”展开，从变革生产关系入手，废除生产资料私有制，建立农村集体经济，试图消除贫困的制度根源。坚持“集体与群众生产自救基础上国家提供必要救济”的原则，政府通过组织一个集体主义体制为人们提供福利保障，缓解贫困人口的生存危机，并依托全国范围的民政救济系统，对农村各种困难群体展开实物生活救济，扶贫政策的一个明显的特点是临界生存推动的道义性救济式扶贫政策，救济形式单一、分散，主要以政府提供的社会救济、自然灾害救济、优抚安置的实物性生活救济为主。所谓救济式扶贫，就是中央政府通过向贫困地区调拨粮食、衣物等救济物品及财政补贴，以维持贫困地区人民最低程度的生活水准，也被称为“输血”式的扶贫。国家调拨给贫困地区的救济物品和财政补贴，并没有转化为当地居民实现自主发展、自我“造血”的能力，反而助长了贫困地区和贫困人口“等、靠、要”的依赖心理与行为。

这一时期，国家建立起一个以集体为单位的社会网络，在低水平上保证了农民的基本生存需要，集体生产组织内部的调剂功能部分地承担了减灾救灾的保障作用，使大多数人口免于饥馑，全国根本性的贫困问题得到了较大程度的缓解[①]。在政府财政能力一般、全国居民整体收入和福利水平很低、收入差距较小且绝对贫困所占比例很高的情况下，这一扶贫战略是当时的最优选择。但由于计划经济体制的低效率和“大跃进”“文化大革命”等战略性的失误，尽管国民经济和各项社会事业取得了较大的发展，现代工业体系已经初步形成，但通过统购统销和压低农产品价格的方式从农业和农村征税来支持工业和城市的发展，挫伤了农民生产积极性，广大居民（特别是农村居民）的生活水平普遍低下，数亿人口仍生活在绝对贫困线以下。由于集体制体系起到相当大的保障

---

① 范小建. 中国特色扶贫开发的基本经验. 求实，2007（23）：48-49.

作用，虽然农民的生产生活资料短缺，存在大规模的贫困，但基本上消除了农村内部的贫富分化，社会总体的不平等程度较低①。

二、体制改革阶段的扶贫政策（1979—1985年）

根据中国国家统计局发布的《中国农村贫困监测报告》，把1978年的贫困线设定在100元，可以估算出，1978年中国贫困发生率为30.7%，贫困人口规模为2.5亿。导致这一时期大面积贫困的主要原因是农业经营体制不适应生产力发展的需要。1978年底，中国共产党十一届三中全会对新中国成立以来经济和社会发展的经验和教训进行了总结和反思。从这一时期开始，国家开始调整国民经济结构，对农村经济体制进行了一系列的重大改革，并将对外开放确定为一项长期的基本国策。

针对人民公社体制造成的生产积极性不高、土地产出率低的现象，这一时期缓解贫困的主要途径是制度变革，主要通过土地制度、市场制度、就业制度等体制改革来缓解贫困，使大批长期得不到温饱的农民摆脱了贫困②。从农业政策改革来看，首先是建立了“交够国家的，留足集体的，剩下的都是自己的”的自主经营、自负盈亏的家庭联产承包经营责任制，将土地承包给农户，由农户自主耕种。人民公社的“政社合一”的体制瓦解，家庭联产承包经营责任制替代了人民公社“三级所有、队为基础”的体制和集体生产、统一核算的经营制度以及平均主义的分配制度，极大地激发了农民的劳动热情，从而极大地解放了生产力，提高了土地产出率。其次，为了进一步调动农民的生产积极性，发展农业生产，国家大幅度提高粮棉等主要农副产品的收购价格，使得农

① 张磊．中国扶贫开发政策演变（1949—2005年）．北京：中国财政经济出版社，2007．

② 王朝明．中国农村30年开发式扶贫：政策实践与理论反思．贵州财经学院学报，2008（6）：78-84．

民普遍受益。再次，在提高价格的同时，国家对购销体制和农产品流通体制也进行了初步改革，减少了统购派购品种，扩大议购议销产品范围。最后，政府积极引导农民开展农业的多种经营，改变以往农业结构比例失调和生产效率低下的局面。

这一时期，针对经济发展明显落后、贫困人口较为集中的地区，中央政府及其有关部门实施了一系列的帮助贫困地区和贫困人口的政策措施，由生存救助为主的无偿救济开始转向生产帮助为主兼有部分有偿救济的扶贫政策。根据这一时期贫困人口的分布特征，国家确定了以县为单位的扶贫开发瞄准机制，在全国范围内开展扶贫开发工作重点县的专项扶贫工作。如 1980 年，设立“支援经济不发达地区发展资金”，用于专门扶贫包括革命老区和民族自治县在内的贫困地区。1983 年，中央政府开始组织实施以“三西”地区农业建设为主要内容的区域性扶贫开发计划，对甘肃“两西”（以定西为代表的中部干旱地区和河西走廊地区）和宁夏回族自治区的西海固地区的 47 个县进行区域综合性扶贫开发，每年投入 2 亿元、为期 10 年的“三西”农业建设专项补助资金。1984 年，《中共中央 国务院关于帮助贫困地区尽快改变面貌的通知》提出，要帮助山区、少数民族聚居地区和革命老根据地、边远地区的人民首先摆脱贫困，为其提供必要财政支持，充分利用当地资源，发展商品生产，增强本地区经济的内部活力。为解决贫困地区基础设施严重不足的问题，1984 年还专门设立以工代赈资金，帮助贫困地区加快基础设施建设。这些政策的实施不仅直接促进了部分极端贫困地区的经济发展和生产生活条件的改善，也为后来实施大规模的农村扶贫开发计划积累了经验。1980—1984 年，中央累计投入财政专项扶贫资金 44 亿元。

改革开放之前的积累为改革开放以后农业乃至整个国民经济的发展提供了相当雄厚的社会和物质条件，改革开放和农村经济的快速发展使得蕴藏在农村的生产力得到了超前性的集中释放，为农村创造了大规模减贫的宏观环境。家庭联产承包责任制条件下逐渐形成的农村土地占有的相对公平以及长期的平均主义导致的收入相对平等等要素创造了有利于产生经济"滴漏效应"的起始条件[①]。国家虽然没有专门的大规模的扶贫计划，但通过放松管制，促进了市场化进程，扶贫的治理和经济发展的治理效应相叠加[②]。家庭联产承包责任制为主的农村体制改革，激发了农民的劳动热情，解放了生产力，提高了资源利用率和土地产出率，农业的发展使贫困农民得以迅速脱贫致富。1979—1985年是农村贫困状况得到快速缓解的时期，也是农民收入增长最快的时期。农村居民家庭人均纯收入由1979年的160.70元增加到1985年的397.60元，增长了1.5倍，扣除价格上涨因素的影响，实际增长了87.23%，年均增长率为11.02%。随着收入的普遍增长，伴随的是贫困人口明显减少，大大缓解了农村的贫困问题。不管是根据世界银行标准还是国家标准，这一时期贫困人口大规模下降，贫困发生率显著降低（见表2-1）。

表2-1　　1978—1985年贫困人口规模变化

	1978年			1985年		
	贫困标准	贫困人口（亿）	贫困发生率（%）	贫困标准	贫困人口（亿）	贫困发生率（%）
世界银行标准	99元/人·年	2.6	33.0	193元/人·年	0.96	11.9
中国国家标准	100元/人·年	2.5	30.7	206元/人·年	1.25	14.8

资料来源：周彬彬，高鸿宾．对贫困的研究和反贫困实践的总结．经济开发论坛，1993(1).

三、解决温饱阶段的扶贫政策（1986—2000年）

在全国范围实施的以家庭联产承包责任制和价格调整为主要内容的

① 李小云．我国农村扶贫战略实施的治理问题．贵州社会科学，2013(7)：101-106.

② 中国发展研究基金会．在发展中消除贫困：中国发展报告2007．北京：中国发展出版社，2007.

农村经济体制改革，极大地提高了农民生产积极性，促进了农村经济快速增长，农村贫困人口大幅减少。与此同时，20 世纪 80 年代中期，中国农村少数地区由于经济、社会、历史、自然、地理等方面的制约，与其他地区特别是东部沿海发达地区的差距逐渐扩大，低收入人口中有一大部分人经济收入不能维持其生存的基本需要。1985 年，中国仍然还有 1.25 亿农村贫困人口没有解决温饱问题，这些人口主要分布在东、中、西部 18 个贫困地区，尤其是革命老区、少数民族地区、边远地区和欠发达地区。农村改革的渗出效应开始下降，农民收入的增幅放缓，农村的收入差距开始迅速扩大，部分地区贫困问题凸显。贫困问题从普遍性模式逐渐向分层、分块演化，区域间发展不均衡问题加重，仅靠整体性的制度变革和全面经济增长很难在缓解贫困方面有更大的作为①。与此同时，随着集体生产组织的解散，市场化过程中由自然风险和市场不确定性所造成的贫困问题也逐渐显现出来，需要相应的公共援助等帮扶措施来解决。

为解决这些特殊贫困区域的贫困与发展问题，中国政府在继续对农村和贫困地区实施以往那些有利于经济、社会发展政策措施的同时，针对这些特殊的贫困区域，在充分调查研究的基础上，将扶贫开发工作纳入了国民经济和社会发展的整体布局。自 1986 年起采取了一系列重大措施，成立了专门扶贫工作机构——国务院贫困地区经济开发领导小组(1993 年改称“国务院扶贫开发领导小组”)，安排专项资金，制定专门的优惠政策，并对传统的救济式扶贫进行彻底改革，确定了开发式扶贫方针，扶贫政策由“输血”转变为“造血”，由救济转变为开发，目的在于提高贫困人口的劳动能力。自此，扶贫开发有了坚强的组织保障，中国政府在全国范围内开展了有计划、有组织的大规模开发式扶贫，扶贫工作走上了制度化、体系化、规范化轨道，中国的扶贫工作进入了一个新的历史时期。国家确定了扶贫开发的瞄准单元，依托其计划和财政

① 张琦，冯丹萌. 我国减贫实践探索及其理论创新：1978—2016 年. 改革，2016 (4)：27-42.

权力通过划定贫困县和设置贫困线对贫困地区和贫困户进行瞄准，通过国家财政扶贫资金、以工代赈和贴息贷款三种资源传导方式对瞄准的区域和农户进行优先投入。尽管贫困地区低收入人口和绝对贫困人口加在一起规模依然庞大，分布相对集中，但在扶贫资源比较有限的情况下，中国政府只能以绝对贫困人口为扶贫工作的对象。同年，依据农村人均年收入和县级单位的财政状况，第一次划出国定贫困县标准：1985 年人均纯收入低于 150 元的县和人均纯收入低于 200 元的少数民族自治县，对民主革命时期做出过重大贡献的老区县放宽到 300 元。以县级区域为单元实施扶贫开发，国家主要通过财政扶贫资金、以工代赈资金和扶贫贴息贷款三种方式对贫困县加以扶持。

按扶贫主体作用于扶贫客体的方式不同，有救济式扶贫和开发式扶贫之分。开发式扶贫是指通过提供给扶贫客体缺少的技术、资金、文化等要素，使其通过自身的发展来改善生产和生活，从而从根本上摆脱贫困，也被称为“造血式扶贫”。采取开发式扶贫的主要原因是，以救济为主的“输血”式扶贫，其本质是一种外部力量的社会救助，只能缓解农民暂时的生活困难，却不能使他们真正摆脱贫困，许多脱贫农户因为“输血”中断而再度陷入贫困状态。要彻底治愈“贫困病”，最根本的还是靠恢复贫困户自身“造血”功能，增强其生机与活力。通过采取开发式扶贫，扶贫不再是简单的“输血”，而是“造血”与“输血”相结合，并更加偏重于“造血”。开发式扶贫不同于救济式扶贫，它强调贫困地区的基础设施建设，改善生产条件，帮助寻找适配项目；在资金的使用和分配方面，不是按人头平均分配而是按项目效益分配。

这一阶段的贫困呈现“大分散，大集中”特征，采用以区域发展为基础的开发式扶贫战略本质上是一种促进贫困人口集中区域的经济发展来实现稳定减缓贫困目标的区域优先扶贫战略。开发式扶贫作为国家整体性经济发展和工业化进程的重要组成部分，这也是在资金缺乏而又需要解决大量贫困人口脱贫问题的两难状况下做出的选择，因此，这一时期扶贫项目的一个特点是通过短期行为解决眼前困难，彻底性的扶贫项目少，因为在资金量较少的情况下以区域作为政策和工作单元决定了开发式扶贫不能覆盖到全部人口。有限的财力决定了无法采用普惠式收入转移形式（社会保障）来进行扶贫，也不能完全依靠经济的“滴漏效应”让数量庞大的贫困人口受益。根据既定的扶贫长期规划，扶贫项目和投资以促进贫困地区的发展为主要目的，以解决农村贫困人口温饱问题为主要目标，以改变贫困地区经济文化落后状况为重点的大规模扶贫开发政策在不断落实，1985—1993 年，中央累计投入财政专项扶贫资金 189.8 亿元。但到了 1993 年左右，中央发现如果不采取特殊行动，既定的 20 世纪末解决农村温饱问题的任务可能完成不了。绝对贫困人口由集中分布向插花式零散分布的转变，促使中国政府逐渐改变贫困瞄准的方式，从区域瞄准、县级瞄准变为村级瞄准、到村到户，以便集中有限的资源帮助最困难的绝对贫困人口。这种瞄准方式将分布在绝对贫困人口周围的大量低收入人口排除在外，尽管这些低收入人口的生活水平依然很低，且面临着返贫的巨大风险。1994 年 2 月 28 日至 3 月 3 日国务院召开第一次全国扶贫开发工作会议，并于 4 月 15 日公布了中国扶贫史上第一个有明确的目标、对象、措施和期限的全国开发扶贫工作的纲领性文件《国家八七扶贫攻坚计划（1994—2000 年）》。“八七”的含义是：在 20 世纪的最后 7 年，集中人力、物力、财力基本解决全国农村 8 000 万贫困人口的温饱问题。根据“四进七出”标准（凡是 1992 年人均纯收入低于 400 元的县全部纳入国家贫困县扶持范围，凡是高于 700 元的原国定贫困县一律退出），列入《国家八七扶贫攻坚计划（1994—2000 年）》的国家重点扶持的贫困县共有 592 个，占全国县级单位的 27%，云南、陕西、贵州、四川、甘肃省的贫困县均在 40 个以上。《国家八七扶贫攻坚计划（1994—2000 年）》实施的 1994—2000 年，中央累计投入财政专项扶贫资金约 465.95 亿元。1993—2000 年，中国农村贫困人口从 8 000 万下降到 3 200 万，平均每年减少 613 万，年均下降速度比改革开放以来的平均减贫速度高 3.6 个百分点。总的来看，农村尚未解决温饱问题的贫困人口由 1985 年的 1.25 亿减少到 2000 年的 3 200 万，农村贫困发生率从 14.8%下降到 3%左右，《国家八七扶贫攻坚计划（1994—2000 年）》确定的目标基本实现（根据国际经验，当一国或一地区的贫困发生率降至3%时，即可认为已完成减贫任务）。除部分丧失劳动能力的残疾人和居住在不具备基本生产生活条件地区的特困人口外，基本解决了中国农村大多数贫困人口的温饱问题。这标志着在绝对贫困和相对贫困的二元结构中，贫困问题从普遍性、区域性、绝对性向点、片、线分布和相对贫困演变，相对贫困人口已占据了中国贫困人口的主体地位。

这一时期，扶贫政策曾经发生过一次战略性的转移，成为扶贫前进道路上的曲折探索。1986年初，贫困地区经济开发领导小组基于贫困的根源是贫困户的资金供给不足的理论假设，制定了扶贫资金投向主要瞄准贫困户的政策。据1987年一项官方统计，扶贫计划实施的第一年，92%的政府贴息贷款直接或间接地瞄准了贫困户。从90年代初期开始，扶贫贷款又转向瞄准乡镇企业或县办企业等经济实体。这一扶贫政策的转变，因贷款与贫困人口缺乏直接的联系，不但没有达到扶贫预定的目标，反而出现了部分本已脱贫农户的返贫现象。由于这一战略转变所带来的负效应，1996年9月召开的扶贫开发工作会议再一次将扶贫资金瞄准贫困户，贫困瞄准走回了正确的轨道上。同年的扶贫开发工作会议也对东西部协作扶贫做出了具体的部署，要求东部13省（市、区）与西部10个省（市、区）相对接，实施对口帮扶。

总的来看，中国的扶贫开发工作经历了深刻的变化，扶贫工作从一般的社会救助事业中脱离出来，成为相对独立、有组织有计划的社会工程。扶贫政策由道义性扶贫向制度性、专项性扶贫转变，由救济式扶贫向开发式扶贫、发展型援助转变，由扶持贫困地区（主要是贫困县）向扶持贫困村、贫困户（主要是贫困人口）转变，扶贫资金的使用由分散平均向重点集中转变，在扶贫资源的传导上，由单纯由财政渠道拨款救济、资金无偿使用转变为以财政支付和银行贷款相结合、无偿与有偿相结合的扶贫资金投资方式。扶贫主体由单一政府模式向政府主导下的多元化、开放式扶贫转变。扶贫工作有了自己的机构、专门的工作经费和专项的政策保障，扶贫组织体系建构逐渐完善，从中央建立扶贫开发领导小组到省市县甚至乡镇都建立了扶贫开发办公室，且沿用至今。建立以省为主的扶贫工作责任制，要求扶贫资金、权力、任务和责任“四到省”，并实行扶贫工作党政“一把手”负责制。确定了开发性扶贫的方针，将主要通过短期救济解决贫困人口的生存或温饱问题的方式，转变到提高贫困人群和贫困地区的自我发展能力上，大幅度增加政府对扶贫的投入，并探索更有效的扶贫到户的方式。这不仅意味着贫困治理开始淡化临时性救济而趋向常规化发展，也意味着行政管理的体制逻辑从此不可避免地渗透到贫困治理中，扶贫目标政治化与党政领导责任制也构成了计划目标实现的约束与激励机制，扶贫进入组织化、计划化、分工协作化减贫阶段。除扶贫部门参与外，动员社会力量参与扶贫，包括鼓励政府部门、大型国企参加对口帮扶，东部经济发达省市对口帮助西部地区省市的东西部协作扶贫以及鼓励其他社会力量参与扶贫，同时积极引进国外扶贫资金、理念、方式和管理模式，逐渐形成了专项扶贫、行业扶贫、社会扶贫、国际合作相结合的“大扶贫格局”。

四、巩固温饱阶段的扶贫政策（2001—2010 年）

进入新世纪，随着中国贫困规模的不断缩小，共同性的致贫因素开始弱化，而农户个体性因素日趋显著，致贫因素呈现出多样化的特征，农村贫困人口分布呈现出“大分散、小集中”特点，贫困人口呈现集中度下降和边缘化的特征，扶贫瞄准难度加大，适用于贫困人口规模较大且高度集中的传统区域瞄准方式，其准确、有效、节约成本等优点不再明显。在城乡二元结构的限制下，持续的经济增长，快速的城市化、工业化和农村劳动力的流动使得农村贫困有向城市蔓延的态势，贫困的缓解更加依赖于非农产业的增长。不平等程度增加使经济增长的减贫效应下降，大面积的普遍贫困已经解决，但随着贫富差距拉大，取而代之的是部分地区贫困程度不断加深。贫困人口分布由以前的在扶贫重点县的区域集中向更低层次的村级社区集中，2001 年扶贫重点县贫困人口占全国贫困人口比例下降到61.9%。少数贫困人口的温饱问题仍未解决，而且解决的难度更大；初步解决温饱问题的贫困人口，温饱水平还不稳定；基本解决温饱问题的贫困人口，其温饱标准还很低。按照2001年贫困标准631元计算，农村贫困人口达到9 422万，贫困发生率为10.2%。

2001年5月24日，中央扶贫开发工作会议召开，指出在20世纪末基本解决农村贫困人口温饱问题的战略目标已基本实现，并对21世纪第一个十年的扶贫工作做了部署。2001年6月13日，国务院颁发了指导农村扶贫的第二个纲领性文件《中国农村扶贫开发纲要（2001—2010年）》，确定了这个阶段扶贫开发总的奋斗目标，即：尽快解决少数贫困人口温饱问题，进一步改善贫困地区的基本生产生活条件，巩固温饱成果，提高贫困人口的生活质量和综合素质，加强贫困乡村的基础设施建设，改善生态环境，逐步改变贫困地区经济、社会、文化的落后状况，为达到小康水平创造条件。

为实现这一目标，中国政府出台了大量的扶贫开发措施。第一，整村推进开发扶贫，即改善贫困地区的生产条件和贫困农户的生活条件，帮助贫困村整体脱贫。在2001年，共将148 131个贫困村（占中国村庄总数的20.9%）确定为“整村推进计划村”，这种调整部分地考虑到了贫困人口分布的分散性，贫困村既有分布在贫困县内也有分布在非贫困县内，确保扶贫资源投入能够覆盖到非贫困县中的贫困人口。第二，农业产业化开发扶贫，是通过对农业进行产业化开发来调节农业生产关系，直接促进生产力发展，进而间接带动减贫效果的重要方式。新世纪在全国范围内开始了以扶持扶贫龙头企业、建设产业化基地为主要抓手，以延长农业产业链和提高农业附加值为原则的产业化扶贫。农业产业化开发扶贫可以帮助贫困地区的一些农业产业化龙头企业和当地贫困农户建立联系，来帮助贫困农户更好地获取外部信息，促进贫困地区产业结构提升，产品更好地与市场对接，解决小农户与大市场的问题。第三，启动以农业实用技术培训、职业教育、创业培训为主要手段，以“雨露计划”为代表的贫困地区劳动力转移培训，目的是帮助贫困地区培训劳动力，提高贫困农民的综合素质和获得非农就业的能力，培训后外出务工可以获得更高更稳定的收入。第四，移民扶贫或叫异地安置扶贫，在政府的帮助下，把那些生活在不具备生存条件地区的贫困人口迁移到其他条件更好的地区发展。2001—2010年，中央财政累计投入财政专项扶贫资金约1 440.37亿元。经过10年的扶贫开发，到2010年底，按照1 274元的贫困标准，中国农村贫困人口从2000年底的9 422万减少到2 688万；农村贫困人口占农村人口的比重从10.2%下降到2.8%[①]。一些连片特困地区整体基本上解决了温饱问题，生产生活条件明显改善，经济社会面貌发生了深刻变化。截至2010年底，《中国农村扶贫开发纲要（2001—2010年）》确定的目标和任务已全面完成。

从这一时期开始，中国由非均衡发展战略进入均衡发展战略新阶段，中国政府试图建立以工促农、以城带乡的长效机制，推进城乡基本公共服务均等化，形成城乡经济社会发展一体化的新格局。在坚持农业的国民经济基础地位不动摇的前提下推出一系列强农惠农政策，发展竞争性的要素市场，统筹城乡发展。贫困状况呈现局部性、边缘化、“大分散、小集中”特征，国家扶贫战略和国家发展战略由几乎完全重合变为部分重合，贫困形势和扶贫局面的变化要求对扶贫战略进行调整。因为贫困人口主要集中在农村而且农业增长具有最大的减贫弹性，持续促进农业的发展仍然是重要的减贫手段[②]，与此同时，传统农业对贫困人口脱贫致富的作用在不断下降，日益凸显的流动人口贫困和城市贫困问题也逐渐受到关注。除关注收入性单维贫困外，政府目光更多地转向注重贫困人口健康、教育和社会福利等方面需求，降低支出成本，尝试解决多维贫困。一系列的政策表明中国政府开始更加注重以宏观政策的视角审视贫困问题，并在改进的基础上保持专项扶贫政策的连续性，中国扶贫政策转向开发式扶贫与多项惠农减贫政策并举的整合阶段。自2004年开始，针对农户的公共转移项目迅速增加，包括农业生产补贴、低保

① 中华人民共和国国务院新闻办公室．中国农村扶贫开发的新进展．北京：人民出版社，2011.

② 汪三贵．在发展中战胜贫困：对中国30年大规模减贫经验的总结与评价．管理世界，2008（11）：78-88.

金、养老保险金、退耕还林补贴、救灾和救济金等10项内容。在继承开发式扶贫政策和以往经验的基础上，国家将扶贫重点县放到中西部地区，工作着力点从贫困县转向贫困村，强调扶贫到户，更加注重用参与式方法自下而上制定扶贫开发规划，以村为单位进行综合开发和整村推进，依据规划推进扶贫工作，尝试解决存在多年的贫困县内扶贫资源外溢和非贫困县的贫困农户被排斥在政府扶贫资源享受对象之外的问题。2007年，中国在农村全面推行农村最低生活保障制度，并推进开发式扶贫政策制度同农村最低生活保障制度的有效衔接，但由于国家统计局估计的贫困人口和民政部门确定的低保人口在很大程度上是两个不同的群体，两类项目的分管机构协调不足，项目瞄准机制各异，信息平台不一，衔接的难度较大。

这一时期反贫困工作从简单的“经济开发式”向综合的“社会开发式”转变，更加注重使用再分配手段来反贫困，既关注导致贫困的各种直接的具体原因，也关注贫困问题的深层次政策制度与社会背景。一方面进行经济结构调整，推动以市场为导向的经济增长，另一方面为暂时不能从这种经济增长中受益的贫困人口提供安全网。新的探索主要体现在以下几个方面：第一，这个阶段实际上政府在努力地探索如何利用市场经济来改善贫困、减缓贫困，承认城乡间人口流动是扶贫的一个重要途径，更加重视改善贫困人口进入和利用市场的力量来摆脱贫困。专项扶贫模式不断改进和完善，产业扶贫、整村推进、“雨露计划”、小额贷款等专项扶贫模式渐趋成熟，连片开发试点铺开并取得了可喜成绩，为后续的扶贫工作积累了宝贵经验。第二，更加强调坚持综合开发、全面发展，不但要加强基础设施建设，也要重视科技、教育、卫生、文化事业的发展，改善社区环境，提高生活质量，促进贫困地区经济、社会的协调发展和全面进步。第三，强调群众参与，用参与式方法自下而上制定扶贫规范，实施扶贫规划，满足贫困群体自身利益的诉求，使他们获得利益表达的机会。第四，在开发式扶贫的基础上，引入了保障性扶贫这一过去没有正确认识的扶贫方式，实行扶贫开发和农村最低生活保障制度有效衔接，同时更加注重统筹城乡发展和社会安全网的建立和完善，并推出了一系列的强农惠农政策。自此，农村基本形成了涵盖开发式扶贫、救灾救济、五保制度和低保制度在内的比较完备的反贫困政策体系，整个扶贫体系更加完善，对于中国农村贫困治理事业发挥了重要的作用。

五、全面小康阶段的扶贫政策（2011—2020 年）

中国新阶段的减贫工作任务依然艰巨。新时期的贫困问题主要表现为扶贫对象规模巨大，特殊贫困矛盾突出，相对贫困问题凸显，致贫因素多样化，贫困人口内部的结构化和多元化特点日趋明显，减贫成就不稳定，返贫现象时有发生，贫困地区特别是连片特困地区发展相对滞后，贫困问题依然严重。新标准下的贫困人口被称为扶贫开发的“硬骨头”，他们“宏观分散、微观集中”，具有分散化与碎片化的特点，大多分布在生存条件恶劣、自然灾害多发、缺水少土、基础设施薄弱、教育和医疗卫生等社会事业发展程度低的中西部地区，特别是大石山区、边疆地区、革命老区、少数民族聚居区和水库移民区，贫困程度深，自我发展能力弱，扶贫开发成本高、难度大。贫困原因从区域经济发展不足、地理位置偏远、自然条件恶劣、人力资源不足等结构性因素为主转变为贫困人口生计不稳定、脆弱性强等个体性因素，贫困问题已经由原来的普遍的经济落后造成的贫困演变成了以相对的资产和福利剥夺为主要特点的贫困，由原来的长期性贫困为主向暂时性贫困为主转变，由原来的资源型贫困向能力型贫困转变。总的来看，贫困人口数量依然庞大且脆弱性明显，经济发展“边际效益”开始递减，减贫政策成本增加；贫困地区落后面貌总体改善，但发展不平衡的问题突出；部分地区已经实现整体脱贫，但特殊困难地区和特殊群体的贫困问题仍积重难返；贫困地区生态环境恶化趋势初步遏制，但生态环境保护区的农民生计问题还没有妥善解决。由于特殊困难地区农村贫困人口自我发展能力弱，抵御自然灾害、市场风险以及家庭变故风险的能力很弱，社会有效防止返贫的体系又没有建立。因此一遇天灾病灾或市场波动，他们就极易返贫，往往是大灾大返贫，小灾小返贫，自然社会因素的再生性贫困表现十分突出，依靠传统意义上基于农业开发的低强度的、小规模的扶贫措施，很难解决尚存的农村贫困问题，特别是深度的贫困问题。对贫困人群来说，发展成本迅速增加，发展贫困问题日益凸显，解决温饱、增加收入仅仅是暂时解决了眼前的问题，从长远的角度看，通过教育来大幅度地改善他们的人力资本水平，通过医疗来提高其健康水平才是彻底脱贫的关键①。这些问题都需要采取超常规的举措来予以解决，通过区域精准和个体精准结合来坚决打赢脱贫攻坚战，确保到2020年所有贫困地区和贫困人口一道迈入全面小康社会。

2011年11月29日，中央扶贫开发工作会议在北京召开。会议决定将农民人均纯收入2 300元（2010年不变价）作为新的国家扶贫标准，这个标准比2009年提高了92%。以新标准测算，截至2010年底，全国贫困人口由人均纯收入1 274元贫困标准下的2 688万扩大至1.28亿，占农村总人口的13.4%，占全国总人口（除港澳台地区外）的近1/10。2011年底，中国政府出台了《中国农村扶贫开发纲要（2011—2020年）》，确定了这个阶段的扶贫目标和任务："到2020年，稳定实现扶贫对象不愁吃、不愁穿，保障其义务教育、基本医疗和住房。贫困地区农民人均纯收入增长幅度高于全国平均水平，基本公共服务主要领域指标接近全国平均水平，扭转发展差距扩大趋势。""两不愁""三保障"的通俗表述实际上反映出中国扶贫形式的变化与政策关注重点的变化，从过去以解决温饱问题为核心向给予贫困人口更有尊严的生活转变。"两不愁""三保障"是多元的目标，不仅仅是提高收入，还包括保障教育、基本医疗、住房等，这一标准实际上是一种多维贫困标准目标，更加关注贫困人口的发展需求，表明中国扶贫工作从开发式扶贫进入相对广泛

① 韩嘉玲，孙若梅，普红雁，等. 社会发展视角下的中国农村扶贫政策改革30年. 贵州社会科学，2009（2）：67-76.

的大扶贫领域。扶贫目标的多元化表明，在新的阶段既要从超越重点县、重点村、贫困户三个层次的区域层次来解决一些整体性特殊困难，解决区域发展差距日益扩大问题，也要从具体的贫困农户脱贫问题入手，巩固和提高贫困个体的生存保障和发展能力，实现贫困地区社会的全面小康。这一时期的贫困治理不仅具有经济功能，更具有社会功能和政治功能，更加强调调动全社会力量，构建大扶贫格局。

2013 年 12 月，中共中央办公厅、国务院办公厅印发《关于创新机制扎实推进农村扶贫开发工作的意见》，该意见立足实际，放眼全局提出了扶贫的六大机制：改进贫困县考核机制、建立精准扶贫工作机制、健全干部驻村帮扶机制、改革财政专项扶贫资金管理机制、完善金融服务机制和创新社会参与机制。2015 年 11 月，中共中央、国务院印发《中共中央　国务院关于打赢脱贫攻坚战的决定》，在《中国农村扶贫开发纲要（2011—2020 年）》提出的“两不愁”“三保障”的基础上，提出了“确保我国现行标准下农村贫困人口实现脱贫，贫困县全部摘帽，解决区域性整体贫困”的更高要求。实现上述目标，至少有三层含义：一是中国全面建成小康社会底线目标实现，中国农村贫困人口与全国人民一道迈入全面小康社会，这是全面建成小康社会的基本标志；二是中国绝对贫困问题得到历史性的解决，具有里程碑意义；三是中国将提前 10 年实现联合国《2030 年可持续发展议程》确定的减贫目标，继续走在全球减贫事业的前列。

这一时期，将在扶贫标准以下具备劳动能力的农村人口作为扶贫工作主要对象，将六盘山区、秦巴山区、武陵山区、乌蒙山区、滇桂黔石漠化区、滇西边境山区、大兴安岭南麓山区、燕山-太行山区、吕梁山区、大别山区、罗霄山区等区域的连片特困地区和已明确实施特殊政策的西藏、四省藏区、新疆南疆三地州作为扶贫攻坚主战场，中央设立跨省协调机构和片区联系单位（见表 2－2），并为 14 个连片特困地区制定相应的区域发展与扶贫攻坚规划，将其作为扶贫工作计划、协调和管理的单元，扶贫开发的目标瞄准更为清晰。为配合连片特困地区的扶贫开发工作，中央和省级财政要大幅度增加对这些地区的一般性转移支付，中央财政扶贫资金的新增部分也主要用于连片特困地区，国家大型项目、重点工程和新兴产业要优先向符合条件的特困地区安排。“十二五”期间，中央累计投入财政专项扶贫资金约 1 891.82 亿元。仅用了 5 年时间，财政专项扶贫资金投入就超过了《中国农村扶贫开发纲要（2001—2010 年）》实施期间 10 年的投入规模，资金年均增幅重回两位数。

表 2-2　　片区联系单位一览表

片区	覆盖省（区、市）	片区联系单位
秦巴山区	河南、湖北、重庆、四川、陕西、甘肃	科学技术部、中国铁路总公司
滇桂黔石漠化区	广西、贵州、云南	水利部、国家林业局
武陵山区	湖北、湖南、重庆、贵州	国家民族事务委员会
燕山-太行山区	河北、山西、内蒙古	工业和信息化部
罗霄山区	江西、湖南	民政部
乌蒙山区	四川、贵州、云南	国土资源部
大兴安岭南麓山区	内蒙古、吉林、黑龙江	农业部
滇西边境山区	云南	教育部
吕梁山区	陕西	国家卫生和计划生育委员会
六盘山区	甘肃、宁夏、青海	交通运输部
大别山区	安徽、河南、湖北	住房和城乡建设部

注：西藏、四省藏区、新疆南疆三地州没有片区联系单位。

这一时期，把精准扶贫、精准脱贫作为基本方略，中共中央提出“六个精准”的要求，即“扶持对象精准、项目安排精准、资金使用精准、措施到户精准、因村派人精准、脱贫成效精准”，这是精准扶贫、精准脱贫方略的主要内容和基本要求。同时中央提出“五个一批”，即“发展生产脱贫一批、易地搬迁脱贫一批、生态补偿脱贫一批、发展教育脱贫一批、社会保障兜底一批”，这是分类施策的工作思路和脱贫攻坚的实现途径。精准扶贫不仅成为指导中国农村扶贫的基本方针，而且成为扶贫实践的主要抓手。实施精准扶贫、精准脱贫方略，标志着中国扶贫开发工作开始实现四个转变：一是创新扶贫开发路径，由“大水漫灌”向“精准滴灌”转变；二是创新扶贫资源使用方式，由多头分散向统筹集中转变；三是创新扶贫开发模式，由偏重“输血”向注重“造血”转变；四是创新扶贫考评体系，由侧重考核地区经济发展指标向主要考核脱贫成效转变，从以往扶贫到县进一步精准到贫困户。

通过实施精准扶贫方略，加快贫困人口精准脱贫。通过改进贫困县考核机制和退出第三方评估机制、建立精准扶贫工作机制、健全干部驻村帮扶机制、改革财政专项扶贫资金管理机制、完善金融服务机制、创新社会参与机制等几个方面来创新扶贫开发工作机制。针对制约贫困地区发展的瓶颈，以连片特困地区为主战场，因地制宜，分类指导，突出重点，注重实效，组织实施村级道路畅通工作、饮水安全工作、农村电力保障工作、危房改造工作、特色产业增收工作、乡村旅游扶贫工作、教育扶贫工作、卫生和计划生育工作、文化建设工作、贫困村信息化工作等扶贫开发10项重点工作，全面带动和推进各项扶贫开发工作。在理顺体制机制的基础上，更加注重解决以下几个方面的突出问题：健全精准扶贫工作机制、发展特色产业脱贫、引导劳务输出脱贫、实施易地搬迁脱贫、结合生态保护脱贫、着力加强教育脱贫、开展医疗保险和医疗救助脱贫、实行农村最低生活保障制度兜底脱贫、探索资产收益扶贫、健全留守儿童、留守妇女、留守老人和残疾人关爱服务体系。

从以上可以看出，这一时期的减贫目标是一个多元化、多层次、综合的目标体系，扶贫不再仅仅局限于脱贫领域，而是要实现在脱贫基础上的同步小康。更宽泛的扶贫概念成为扶贫政策制定和资金投入的基石，扶贫治理手段呈现依托市场机制的经济发展、国家主导的扶贫开发与多部门参与的转移性支付混合运行的特点，使得扶贫工作能够超越政府预算约束而取得更大的成就。既强调各项扶贫政策之间的衔接，同时也强调扶贫政策与其他相关制度安排之间的衔接，扶贫政策体现出一些新的变化。一是重视经济开发与社会公平、传统文化和环境保护等方面的关系，将生态环境改善作为扶贫开发的总体要求之一，更加注重经济、社会、文化、生态效益的协调统一。二是将发展能力的提高作为扶贫的重要目标，更加注重对人的关怀，突出机会平等和权利保障，减少社会排斥，强调扶贫资金到户以增强贫困人口的发展能力，让贫困人口有更多的获得感[①]。三是赋权农户，在加大对农村、农业、农民普惠政策支持的基础上，对贫困人口实施特惠政策，特别关注特殊贫困群体，尝试解决扶贫开发在缓解贫困的同时加剧了农村内部的收入不平等的问题，更加注重多维贫困问题的解决。四是横向分工、纵向分权深度推进扶贫工作。横向看，部门沟通协作更加畅通，形成强大的工作合力；纵向看，中央、省、市和县级事权更加明晰，扶贫项目审批权下放到县，实行责任、权力、资金、任务“四到县”。五是扶贫边界更为清晰。将扶贫对象锁定为具备劳动能力的农村人口，这样将带有分配性质的增长促进政策或发展援助政策的扶贫目标与针对丧失劳动能力人口的社会保障兜底目标区分开，强调生活救助和能力扶贫的“两轮驱动”，并把社会保障作为解决温饱问题的基本手段，为开发式扶贫确定了比较清晰的工作边界。六是在扶贫资源的传导上不断创新。除继续加大财税和信贷支持力度外，更加注重以金融服务体制的完善、金融产品和服务方式的创新、民间借贷的规范发展、征信体系的建设等为重点的金融服务环境的打造。到2020年，通过产业扶持可以解决3 000万人脱贫；通过转移就业可以解决1 000万人脱贫；通过易地搬迁可以解决1 000万人脱贫；2 000多万丧失劳动能力的贫困人口可以全部纳入低保覆盖范围，实现社保政策“兜底”脱贫。将减贫与发展结合在一起，通过精准扶贫、精准脱贫，基本实现全面小康。

总的来说，新中国成立以来特别是改革开放以来，经过全党全社会共同努力，7亿多农村贫困人口摆脱贫困，农村居民生存和温饱问题基本解决。贫困地区农民人均纯收入增长幅度连续10多年超过全国农村平均水平，到2015年达到6 828元。贫困地区交通、电力、水利、通信、互联网等基础设施建设全面提速，93.5%的乡镇、70.8%的建制村交通通畅，90%以上的行政村和自然村通了电话，上千万贫困户的危房得到改造，无电人口全部用上电。贫困地区义务教育办学条件明显改

① 向德平．包容性增长视角下中国扶贫政策的变迁与走向．华中师范大学学报（人文社会科学版），2011（4）：1-8.

善，农村义务教育营养改善计划、中等职业教育学生免学费、寄宿生补助生活费等政策对连片特困地区学生实现全覆盖。贫困地区农村医疗卫生服务体系逐步健全，新农合参保率达 98%以上。农村低保和基本养老保险覆盖全部贫困地区，保障水平不断提高。按国际标准，累计减少 7 亿多农村贫困人口，对全球减贫贡献率达到 70%以上，中国成为全球第一个实现联合国千年发展目标的发展中国家。中国扶贫开发取得的巨大成就，是中国乃至世界历史上不曾有过的伟大功绩，为全球减贫事业做出了重大贡献，得到了国际社会的广泛赞誉。联合国开发计划署发布的联合国《千年发展目标报告 2015 年》认为："中国的减贫为实现联合国千年发展目标做出了贡献，为其他国家提供了学习经验。"

然而，也应该看到，并不是所有的经济、社会发展政策都一定是有利于贫困人口的，实践充分证明，中国在发展政策上选择了正确的方向，成功走出了一条中国特色的扶贫开发道路，扶贫政策拥有广泛的基础，积累了丰富的中国经验并赢得了国际社会的高度认可。中国扶贫开发宏观战略经历了以经济开发为中心到统筹经济社会发展全局的转变，从过去通过经济增长来增加贫困人口收入为主并辅以适当救济的反贫困战略转变为实行以促进贫困人口集中区域自我发展能力、提高与推动区域经济发展来实现稳定减贫和消除贫困为目标的战略。扶贫政策实施过程由过去忽视贫困成因和贫困群体特征的扶贫资源普惠性平均分配向精确的贫困瞄准基础上进一步细分贫困群体的精准分配转变，部分扶贫政策逐渐由区域性、地方性探索转变为国家层面的整体设计和推进[①]。对贫困人口的扶持政策更加注重救济性政策、开发性政策和预防性政策的有机结合，从向贫困人口提供满足最低生活需要的物质援助发展到把政策扶贫、投资扶持与贫困人口自力更生相结合，扶贫政策的关口由事后干预向降低脆弱性和风险的事前干预前移，更加注重通过教育、健康方面的投入来提高贫困人口预防和应对贫困风险的能力，而不仅仅是在其

---

① 程玲. 新阶段中国减贫与发展的机遇、挑战与路径研究. 学习与实践，2012（7）：76-83.

陷入贫困不能自拔之后再进行扶持和救助，扶贫任务的重点向保障公平分配，以及赋予贫困人口更有尊严的生活转变。贫困治理逐渐由政策性、运动式向制度性方向发展，贫困治理结构由完全的政府主导逐步向政府主导、社会组织参与进而向政府主导、社会组织和受益群体参与转变，扶贫工作由相对狭义的开发式扶贫进入相对广泛的大扶贫，领域治理手段由单一化向多元化以及多部门主导延伸，呈现出依托市场机制的经济发展和国家主导的扶贫开发混合运行、政府主导与互动参与并举的特点。扶贫资源传递上，充分利用市场机制或市场主体，实现扶贫资源的市场化配置，社会扶贫资源动员、传递和分配的制度建设进一步完善，在贫困防范与干预上具有更好的稳定性、持续性与常规化的特点，扶贫开发活动成效更具有效性、针对性和可持续性。

中国扶贫的反贫困是一个使社会贫弱阶层不断分享经济、社会发展成果的过程，扶贫政策实施有助于缓解日益扩大的收入分配差距，尤其是有助于缩小贫困地区和一般地区的发展差距。在长期的实践中，中国成功地走出了一条以经济发展为带动力量、以增强扶贫对象自我发展能力为根本途径，政府主导、社会帮扶与农民主体作用相结合，普惠性政策与特惠性政策相配套，扶贫开发与社会保障相衔接的中国特色扶贫开发道路。这种扶贫开发战略体现出以下几个鲜明的特点：一是坚持党对扶贫开发工作的领导，发挥政治优势，实行资金、任务、权力和责任“四到省”的扶贫工作责任制和各级政府扶贫工作首长负责制，统一部署，统一行动，为扶贫开发提供强有力的组织保障。二是坚持改革开放，保持经济快速增长，不断出台有利于贫困地区和贫困人口发展的政策，为大规模减贫奠定了基础、提供了条件。三是坚持政府主导，把扶贫开发纳入国家总体发展战略，开展大规模专项扶贫行动，针对特定人群组织实施妇女儿童、残疾人、少数民族发展规划。四是坚持开发式扶贫方针，把发展作为解决贫困的根本途径，既扶贫又扶志，调动扶贫对象的积极性，发挥其主体作用，促进贫困人口的能力建设，增强个人的自我积累、自我发展能力。五是坚持动员全社会参与，发挥制度优势，构建了政府、社会、市场协同推进的大扶贫格局，形成了跨地区、跨部门、全社会共同参与多元主体的社会扶贫体系。六是坚持普惠政策和特惠政策相结合，在加大对农村、农业、农民普惠政策支持的基础上，对贫困人口实施特惠政策，做到应扶尽扶、应保尽保。政府主导，社会力量参与，发掘贫困人口主动性、创造性，集区域政策、行业政策和社会政策于一体，反贫困战略和策略随着社会、经济环境和扶贫对象本身的变化，更加突出扶贫开发体制机制改革创新的重要性，采取更有效、更明智、更富有弹性的政策措施，中国扶贫未来前景光明。

第 3 章

中国的扶贫模式

3 中国的扶贫模式

贫困与不平等是市场失灵的一种重要表现，需要政府采取合理的干预措施来消除和弥补。多年来，中国政府始终坚持“政府主导、社会参与、自力更生、开发扶贫、全面发展”的符合中国国情的扶贫开发道路，取得了巨大成就。

一、中国扶贫的组织机构

执行和实施一项全国性的大规模减贫规划，必须要有相应的组织实施体系做保障。由于贫困是人力资源因素、自然因素、环境因素和社会经济条件等共同作用的结果，长期性与复杂性并存，因此，解决贫困是一个涉及多领域、多部门的工作，可以说没有任何一个部门能够独担此任，中国政府自实施扶贫开发计划之初，就意识到了这一点。中央政府成立由相关行政职能部门组成的贫困地区经济开发领导小组，负责组织、领导、协调、监督、检查总体的扶贫开发工作。国务院扶贫开发领导小组下设办公室，即国务院扶贫开发领导小组办公室，负责承担领导小组的日常工作。国务院扶贫开发领导小组的主要任务是：（1）拟定扶贫开发的法律法规、方针政策和规划；（2）审定中央扶贫资金分配计划；（3）组织调查研究和工作考核；（4）协调解决扶贫开发工作中的重要问题；（5）调查、指导全国的扶贫开发工作；（6）做好扶贫开发重大战略政策措施的顶层设计。相关省、自治区、直辖市和地（市）、县级政府也成立了相应的组织机构，统一领导和协调本地的扶贫开发工作（见图 3 - 1）。

扶贫开发实行分级负责、以省为主、县抓落实的行政领导扶贫工作责任制。各省、自治区、直辖市，特别是贫困面积较大的省、自治区、直辖市，都把扶贫开发列入重要议程，根据国家扶贫开发计划制定本地区的具体实施规划，各县也制定相应的规划。中央的各项扶贫资金在每年年初一次性下达到各省各县，实行扶贫资金、权力、任务、责任“四到省”和“四到县”。按照“省负总责、县抓落实、工作到村、扶贫到

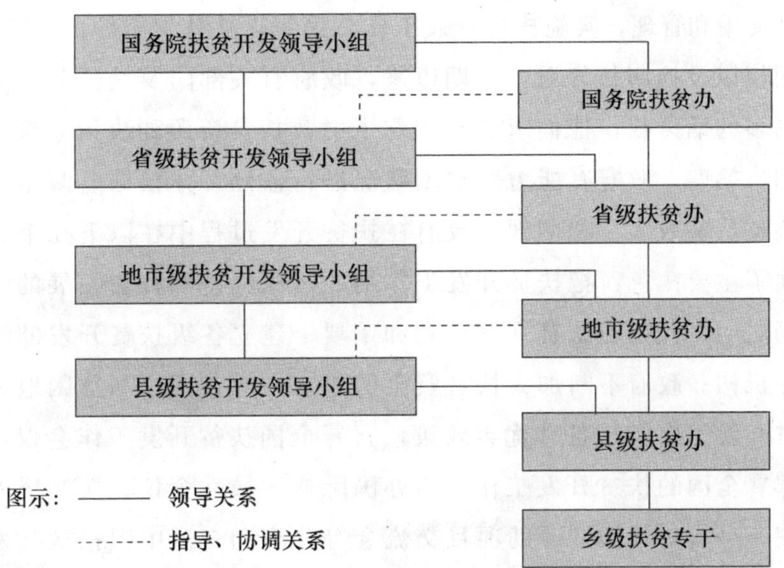

图 3-1　中国各级政府扶贫机构示意图

户”的工作机制，所有到省的扶贫资金一律由省级人民政府统一安排使用，扶贫项目审批权原则上下放到县，省、市切实履行监管责任。中国建立了从上到下结构完整的各级扶贫办公室、以政府为主导的资金动员机制，而且在这个扶贫资源高效率传递的系统里，扶贫项目和资金管理方式也在根据实际需要不断调整。通过扶贫办公室进行跨部门的协调，从而动员各方力量参与扶贫。通过这种协调机制，在维持政府各部门正常业务工作的同时，利用各部门的资源和专业技能来共同促进贫困地区的发展。

长期以来，中国的扶贫开发由政府主导，政府具有强大的政治动员能力和资源整合能力，为扶贫开发提供了优良环境，是扶贫开发公共产品的供给主体。主要体现在：第一，从扶贫资金的来源来看，中央和地方政府投入的财政和信贷扶贫资金始终扮演着最主要角色。第二，从扶贫类公共产品的主要运作模式来看，也是以政府为核心和主导。扶贫的有关政策和制度由中央政府负责和主导制定，地方政府制定相应的实施细则。中央政府筹集和分配扶贫资源，进行贫困线的划定和扶贫地区的认定，被认定为扶贫地区的地方政府具体负责扶贫资源的使用和管理，实施扶贫开发工作。第三，从扶贫资源的决策权、使用权以及控制权来看，长期以来，政府有关部门及其公务人员具有更多的话语权，他们影响和支配了财政扶贫资源的决策、管理和使用。第四，政府有能力对贫困状况进行监测，并根据监测结果及时调整扶贫政策。相应地，政府在扶贫开发过程中在以下几个方面扮演了主要角色：把扶贫开发工作纳入国民经济和社会发展的整体布局之中，并制定扶贫开发计划和纲要；建立各级扶贫开发的组织领导机构；政府不断加大扶贫资金的投入；对贫困户和贫困地区的扶贫开发工作实行各种优惠政策；召开全国扶贫开发工作会议，安排部署全国的扶贫开发工作；举办国际或区域性会议、扶贫援外培训交流会、对外扶贫援助项目交流会等分享和交流中国扶贫开发基本经验等。

政府有三种主要的减贫手段：一是作为强制性制度供给的主体，优化制度体系，建立能刺激生产主体积极性、维护市场竞争秩序的政治经济体制，赋予贫困人口平等的生存权、发展权，并实施有利于贫困人口发展的经济政策，为贫困人口提供发展动力，改善其发展环境；二是作为管理和使用公共资源的主体，刺激经济增长，引导经济结构优化，改善基础设施和生态环境，提供社会保障服务，为贫困人口创造发展条件，增强其发展能力；三是作为社会经济发展的直接干预者，实施针对贫困地区和贫困人口的专项扶持规划①。

总体来看，政府在反贫困中的角色和职能不仅会影响到扶贫绩效，而且会影响到以贫困人口为主体的持久反贫困机制的形成。政府主导的扶贫开发，其优势特别明显。首先，政府具有任何组织无法比拟的强大执行力，可以在短时间内调集大量的人力物力；其次，中国农村扶贫的资金绝大部分来自政府，政府能为扶贫工作提供资金支持；再次，政府可以根据扶贫情况的变化，调整政策和法规，

---

① 中国发展研究基金会. 在发展中消除贫困：中国发展报告 2007. 北京：中国发展出版社，2007.

为农村扶贫多元化提供法治保障；最后，政府可以建立全国农村扶贫信息体系，既能准确而全面地掌握农村贫困分布状况及其特点，也能将全国农村扶贫任务科学分割成点、线、块、面等立体扶贫区域，并据此合理调配资金和扶贫资源，最大限度地动员和组织人力，建立对农村扶贫主体多元化的领导，更好地发挥协同效应，最终实现农村扶贫的长远目标。多年事实证明，这种以政府为主导的扶贫组织体系是行之有效的，可以最大限度地调度政府资源，广泛地动员社会各界力量，吸引国际组织和非政府组织参与到扶贫行动中来。在政府主导的扶贫开发进程中，市场、社会组织在整合扩大扶贫资源、丰富创新扶贫模式、提高扶贫效率等方面发挥了重大作用，形成了多主体参与的扶贫开发格局，也为政府扶贫提供了重要的评估参照对象。

二、中国的开发式扶贫

(一) 开发式扶贫概述

1. 开发式扶贫缘由

开发式扶贫是对过去传统的分散救济式扶贫的改革与调整，是中国农村扶贫政策的核心和基础。在扶贫开发的过程中，中国政府注重发展贫困地区的生产力，支持、鼓励贫困地区改善生产条件，引导贫困地区和贫困农户以市场为导向，调整经济结构、开发当地资源、发展商品生产、提高自我积累、自我发展能力，通过多种方式和途径，采取综合配套措施，帮助农村贫困人口脱贫。

开发式扶贫方针主要包括五个方面内容：第一，倡导和鼓励自力更生、艰苦奋斗的精神，克服贫困农户中普遍存在的“等、靠、要”思想。第二，针对贫困地区基础设施薄弱、抵御自然灾害能力较差的实际情况，国家安排必要的以工代赈资金，鼓励、支持贫困农户投工投劳，开展农田、水利、公路等方面的基础设施建设，改善生产条件。第三，国家安排优惠的扶贫专项贴息贷款，制定相关优惠政策，重点帮助贫困地区、贫困农户发展以市场为导向的种植业、养殖业以及相应的加工业项目，促进增产增收。第四，开展农业先进实用技术培训，提高贫困农户的科技文化素质，增强自我发展能力。第五，扶贫开发与水土保持、环境保护、生态建设相结合，实施可持续发展战略，增强贫困地区和贫困农户的发展后劲。

中国之所以在农村采用开发式扶贫为主的方针，是因为市场并不能自动惠及所有人群，单纯的经济增长和普惠性政策措施并不能解决所有的贫困问题。开发式扶贫针对贫困人口实施专项扶贫开发计划，这一方针是与农村经济的发展水平相联系的。与城市比较，农村的发展水平普遍较低，农村低速发展的直接结果是中国绝大多数贫困人口（按可比的标准）生活在农村地区。在农村人口普遍贫困的情况下，像城市那种以收入补贴为重点的救济式扶贫会对政府财力和政府管理能力形成巨大挑战。因为农村贫困人口相对集中在中国中西部的一些自然环境恶劣、地理位置偏远的地区，在一定时期内依靠一般性的经济增长很难带动老少边穷等贫困地区的发展，国家以往对这类地区的扶持更多的是救济式扶持，虽然对缓解贫困作用很大，但是对形成贫困地区可持续发展能力收效甚微。中国政府采用以区域开发为重点的开发式扶贫是合适的，可以通过外部组织主体对贫困地区施加外部干预，逐步完善贫困地区发展的外部环境，从而减少贫困人口。首先，区域性扶贫开发瞄准的是贫困地区而不是贫困家庭或个人，从而使得贫困识别难度大大降低，贫困瞄准的成本也随之降低。其次，只有改变经济社会的落后面貌，才能从根本上解决贫困问题，开发式扶贫的重点是改善贫困地区的生产生活条件，通过基础设施和公共服务的改善来提高当地的农业和非农业生产的效率，从而使农户能够通过提高资源使用效率来增加收入并摆脱贫困。因此，政府只需要集中财力于基础设施建设和公共服务，需要的财政资源相对较少。最后，以区域为对象进行扶贫开发可以充分利用现有行政管理系统，因而有利于降低管理成本。

总体而言，中国的开发式扶贫政策通过推动贫困地区的经济增长在一定程度上推进了中国大规模减贫进程，同时也减缓了区域差距的扩大趋势[①]。开发式扶贫仍然是符合中国现阶段农村经济发展水平的主要扶贫方式，但这并不意味着单靠开发式扶贫就可以解决农村的贫困问题，开发式扶贫要取得较好的效果要求贫困人口分布要相对集中即地域化，这才能使得立足于区域的开发式扶贫最大限度地瞄准、覆盖贫困人群。同时，要从开发式扶贫中受益，一个基本的前提是贫困家庭和贫困人口要具有开发的潜力，其中最重要的是劳动能力。如果一个家庭的所有成员因各种原因丧失了劳动能力，任何形式的扶贫开发对这样的家庭都不会有所帮助。一方面，对于那些因体残、智残、老龄、孤幼和疾病等因素而丧失劳动能力并且无人赡养或抚养的人口来说，缺乏必要的农村社会保障容易使得这一部分人处于极端贫困状态。另一方面，对于那些已经脱贫的人口来说，经济上可能还比较脆弱，缺乏必要的社会保障支持容易导致其因自然灾害或疾病等冲击而返贫或陷入长期贫困，如果缺乏必要的社会保障支持来减轻冲击，同样会限制开发式扶贫的效果。因此，开发式扶贫需要同农村社会保障相结合，才能更有效地缓解农村贫困。

2. 开发式扶贫资金来源结构及投向

中国扶贫资金的来源比较广，数目大小不一，结构比例也各不相同。中国农村扶贫资金主要来源有五个：一是各级政府投入资金，如预算内财政扶贫资金、政府各部门提供社会化服务项目的行业发展资金和用于改善生产条件项目的以工代赈资金等；二是用于进行生产性项目投资的扶贫贴息贷款；三是各级党政机关定点扶贫和东部发达省（区、市）对口帮扶西部欠发达省（区、市）所筹资金；四

---

① 陈锡文. 坚决打赢脱贫攻坚战　如期实现全面小康. 劳动经济研究，2015（6）：3-21.

是社会资金，即民间组织、企业和个人捐赠资金等；五是世界银行、亚洲开发银行等提供的国际援助发展资金。中国扶贫实行责任、权力、资金、任务“四到县”，资金一般以项目的形式来分配，采用多种有效的方法，将中央和各级政府的扶持政策、资金作为一个整体传递到需要扶持的贫困地区和贫困人口手中。财政扶贫资金的项目管理程序基本相同，一般由乡镇政府和县级业务部门申报项目，县财政局、发改局、民宗局和扶贫办对分管的项目进行筛选，由县扶贫领导小组综合平衡、审批，报地市级财政局、发改局、民宗局和扶贫办审查汇总，报省财政厅、发改委、民委和扶贫办并按财政发展资金使用范围、投向和原则最终确定项目，并提出项目及资金使用方案，报省扶贫领导小组审批后，联合下达执行；按省批准的计划，县业务部门和乡镇政府组织项目实施，财政部门拨付资金或负责报账。

近年来，中央财政专项扶贫资金不断增加，主要用于农村贫困人口的产业发展、以工代赈、少数民族发展、“三西”农业建设专项补助、国有贫困农场、林场扶贫以及扶贫贷款贴息等七个使用方向（见表3-1）。主要用于支持贫困人口发展特色优势产业、改善贫困人口基本生产生活条件、提高贫困人口就业和生产能力等方面。中央财政专项扶贫资金主要按因素分配，以加大对贫困问题突出省份的支持。按照扶贫开发“中央统筹、省负总责、县抓落实”的工作机制，扶贫资金项目审批权限已全部下放到县，由地方自主统筹使用。2016年，中央投入财政专项扶贫资金补助地方661亿元。这些资金分别投向种植业、林业、养殖业、农产品加工、基本农田建设、人畜饮水工程、道路修建及扩建、电力设施、网络通信、学校和卫生室等基础设施、技术培训与推广、资助儿童入学、易地扶贫搬迁等诸多领域。省级财政专项扶贫资金预算超过400亿元，比2015年增长50%以上。两级财政扶贫资金投入首次超1 000亿元。

表 3-1　　2011—2017 年中央财政专项扶贫资金分配情况表　　单位：亿元

年份		2011	2012	2013	2014	2015	2016	2017
中央财政专项扶贫资金		272	332.05	394	432.87	460.9	661	861
	产业发展资金	196.43	245.53	290.13	338.91	370.1		
	以工代赈资金	40	42	42.2	42.2	41		
	少数民族发展资金	20.06	28.37	36.9	40.59	40		
	“三西”农业建设专项补助资金	3	3	3	3	3		
	国有贫困农场扶贫资金	1.7	2	2.3	2.4	2.6		
	国有贫困林场扶贫资金	2.9	3.2	3.5	3.6	4.2		
	扶贫贷款贴息资金	5.6	5.6	5.6				

注：(1) 上述资金合计中，还包括安排给扶贫办、农业部和新疆生产建设兵团的部分部门预算资金，2011—2014 年，这部分资金分别为 2.31 亿元、2.35 亿元、2.37 亿元、2.74 亿元；(2) 2013 年 394 亿元资金中，还包括贫困地区产业发展基金中央出资部分 8 亿元；(3) 从 2014 年起，不再单列扶贫贷款贴息资金，将其统一列入发展资金按因素分配切块下达地方，由地方根据需要自主安排。

资料来源：《中国扶贫开发年鉴》编委会. 中国扶贫开发年鉴 2015. 北京：团结出版社，2015；财政部网站.

今后几年，中央财政将继续加大对贫困地区的转移支付力度，中央财政专项扶贫资金规模实现较大幅度增长，一般性转移支付资金、各类涉及民生的专项转移支付资金和中央预算内投资进一步向贫困地区和贫困人口倾斜[①]。当前，中国正面临经济下行和财政增收困难的压力，与此同时，扶贫资金管理体制从中央到地方层级过多的现行体制增大了扶贫资金的管理成本，扶贫资金在分配中也存在一定的平均化倾向。扶贫资金的管理部门多，专项扶贫资金占比不高，资金来源分散，缺乏统一规划和统筹安排，各自为政，资金整合难度较大，一些扶贫项目因资源投入不足、标准偏低、结构失调、覆盖范围有限、扶持力度不足、缺乏灵活性而降低了减贫效率。为了解决这些问题，中央财政在进一步加大财政扶贫开发投入力度的同时，进一步加强财政扶贫资金使用管理，支持贫困县统筹整合使用财政涉农资金以提高财政涉农资金使用效率，创新资金使用机制，发挥财政资金引导作用和杠杆作用，撬动更多金融资

① 胡静林. 加大财政扶贫投入力度　支持打赢脱贫攻坚战. (2016-09-12). http://theory.people.com.cn/n1/2016/0912/c40531-28708650.html.

金、社会资本参与脱贫攻坚。

3. 开发式扶贫坚持的基本原则

中国开发式扶贫坚持“政府主导、社会参与、自力更生、开发扶贫、全面发展”的基本原则。所谓政府主导，就是坚持把扶贫开发作为国民经济和社会发展的重要任务，将政府组织机构、发展规划和政策项目等方面纳入政府议事日程。所谓社会参与，就是发挥社会主义制度的优势，动员和组织包括东部沿海省份、各级党政机关在内的各方面社会力量参与贫困地区的开发建设。所谓自力更生，就是鼓励和支持贫困群众在政府和社会各界的帮助下，转变贫困农户的思想观念，赋予其社会参与权，促进其能力建设和村民自治等。所谓开发扶贫，就是坚持开发式扶贫的方针，努力改善基本生产生活条件，从农田水利、种养殖业、新技术新方法、劳动力就业转移等方面着手，增加收入，提高贫困地区和贫困人口自我发展能力。所谓全面发展，就是按照精准扶贫的基本要求，全方位治理贫困，把自然资源开发和人力资源开发结合起来，把扶贫开发与生态环境保护建设结合起来，在教育、卫生、人口生育服务、社会保障和生态保护等方面对贫困人口加以扶持。

（二）开发式扶贫的主要措施及其效果

1. 易地扶贫搬迁

在中国政府开始大规模的农村扶贫开发以前，以扶贫为目的的开发式移民于 1983 年就在“三西”地区（甘肃河西、定西和宁夏西海固）展开了。在“三西”地区的扶贫中，移民搬迁是一项主要的扶贫开发手段，“三西”的移民工程对解决全国特困地区的贫困问题起到了示范的作用。

易地扶贫搬迁是指将生活在自然条件恶劣、生态环境脆弱、不具备基本生产和发展条件、“一方水土养活不了一方人”的建档立卡贫困人口，按照自愿原则，将其搬迁到基础设施较为完善、生态环境较好的地方，从根本上改变其贫困状况的一种扶贫方式。易地扶贫搬迁对象主要是居住在深山、石山、高寒、荒漠化、地方病多发等生存环境差、不具备基本生产发展条件，以及生态环境脆弱、限制或禁止开发地区的农村建档立卡贫困人口，优先安排位于地震活跃带及受泥石流、滑坡等地质灾害威胁的建档立卡贫困人口。按照国务院扶贫办建档立卡信息系统识别复核并报国务院审定，“十三五”时期，易地扶贫搬迁对象分布在全国 23 个省（区、市），共约 1 000 万人。

实施易地扶贫搬迁的背景是：第一，部分贫困农户生活在生态脆弱、自然或地质灾害频发等不宜居住地区，贫困农户的生命财产安全受到威胁。第二，部分贫困农户居住在分散、偏僻的深山区或高山区，对其社区进行基础设施建设、发展扶贫产业、提供公共服务的扶贫开发成本巨大。在当前财政扶贫资金有限的条件下，难以完全覆盖这些地区，贫困户的脱贫难度大。第三，由于一些贫困地区自然或地质灾害频发，导致已有基础设施重复遭到破坏，需要重复投资，扶贫投入巨大且往往没有作用，缺乏投资效率。第四，贫困地区外出务工人员所占比例越来越大，贫困村“空心化”趋势越来越明显。贫困地区已有的基础设施和公共服务利用率不足。第五，受高房价等因素影响，外出务工人员不能在城镇购房落户，阻碍了贫困地区城镇化的进程。

实施易地扶贫搬迁的基本原则是：一是要有计划地进行，在试点总结经验的基础上，制定具体规划，有计划、有组织、分阶段进行；二是自愿原则，“尊重农户的搬迁意愿”，实行梯度安置，满足不同农户的搬迁需求；三是因地制宜、量力而行、注重实效，采取多种安置方式，不搞一刀切；四是要十分细致地做好搬迁后的各项工作，确保搬得出来、稳得下来、富得起来①。

总体说来，易地扶贫搬迁保护了迁出地的生态环境，改善了迁出人口的生产生活条件和获得公共服务的条件，提高了他们的收入水平，缓

---

① 国务院扶贫开发领导小组办公室，中国人民大学．易地扶贫搬迁需求与政策措施研究报告．2014．

解了他们的贫困状况。在推进工业化、城镇化的进程中，一些贫困地区把易地扶贫搬迁与县城、中心镇、工业园区建设和退耕还林还草、生态移民、撤乡并镇、防灾避灾等项目相结合，在促进贫困农民转移就业的同时，改善了这些群众获得公共服务的条件。

专栏 3-1

甘肃省天祝县易地扶贫搬迁农户案例

甘肃省天祝县阳山村张姓农户，丈夫患白血病，在搬迁后就医条件更好，同时孩子上学也更为便利，由原来的 20 公里缩短到 7 公里。这种搬迁并未彻底改变农户的生存方式，由于仍然有耕地，可以维持基本的生活，此外还增加了本地务工收入、转移性收入（退耕还林补贴）以及财产性收入（土地流转收入）。这种易地有土搬迁往往和整体搬迁相结合，使得农户周边的社区环境变化较小，利于迁移农户的稳定。

2. 以工代赈

中国贫困地区一方面基础设施落后，另一方面又有大量的劳动力没有得到充分利用而处于失业或隐蔽失业的状态。以工代赈，是指政府投资建设公共基础设施工程，受赈济者参加工程建设获得劳务报酬，以此取代直接赈济的一项扶持政策。现阶段，以工代赈是一项农村扶贫政策，当地贫困农民参加工程建设，获得劳务报酬，直接增加收入。以工代赈重点建设与贫困地区经济发展和农民脱贫致富相关的农村中小型基础设施，包括基本农田、农田水利、乡村道路（含独立桥涵）、草场建设、小流域治理、片区综合开发，以及根据国家要求安排的其他工程。通过以工代赈，可以充分利用贫困地区的剩余劳动力资源兴建道路、水利、农田等基础设施，同时为贫困农户提供就业机会和收入来源，从而提高农户的短期收入水平和长期发展能力。各级发展改革部门（以工代赈办公室）是以工代赈的行政主管部门，承担以工代赈工作规划计划管理、项目管理、资金管理、组织管理、监督检查等具体管理职责并负法律责任。1984 年以来，国家设立了以工代赈的专项资金，截至 2015 年，国家已经投入以工代赈建设基金1 373 亿元，其中“十二五”期间国家发改委累计安排了以工代赈中央资金 283.6 亿元，发放劳务报酬 33 亿元。以工代赈政策把救济、增长和发展有机地联系在了一起，以技术含量较低的劳动力密集型技术为特征的该项政策充分发挥了贫困地区劳动力资源丰富的优势，有力地改善了贫困地区的基础设施和社会服务，同时增加了贫困者的就业和收入，为中国减贫事业做出了贡献。

3. 整村推进

贫困地区基础条件较为落后。整村推进的目的是利用较大规模的资金和其他资源，在较短的时间内使被扶持的村在基础设施和社会服务、生产和生活条件以及产业发展等方面有较大的改善，并使各类项目间能够相互配合以发挥更大的综合效益。其核心内容是制定和实施参与式村级发展规划，即在帮扶对象充分参与的情况下，通过引导贫困人口参与扶贫项目选择、设计、实施、监控和后期管理等环节，来保证项目设计的合理性、实施的成功率和扶贫效果的显著性与持续性。整村推进改变了过去扶贫中采取的单一干预的扶贫方式，根据贫困村的致贫因素实行综合整治，从而使贫困人口在整体上摆脱贫困，同时提高贫困地区和贫困人口的综合生产能力与抵御风险的能力。整村推进能否成功主要取决于两个方面的因素：一是能否通过制定整体的村级规划把分散在各部门的扶贫资源整合起来；二是村级项目规划是否是在参与式的基础上制定，并由村民、村干部和技术人员共同完成。

整村推进的实施方式是：先根据全国人口分布状况，自上而下、自下而上确定扶贫开发工作重点村，全国共确定 14.8 万个重点贫困村；其后，以村为单元，发动群众参与制定村级扶贫开发规划，规划以改善村民生产生活条件、优化产业经营项目、发展社区社会事业为主要内容，并逐级汇总协调，形成县级、村级规划；省、县政府按照规划统筹各类扶贫资源，分期分批集中投放于这些贫困村，用于村级规划中确定的各个项目上。

整村推进以贫困村为基础，广泛动员群众参与，制定参与式村级扶贫规划，分年实施，分期投入，分批解决问题。整村推进实施的项目基本上是围绕农户生产生活的需求制定的，并整合各方面的扶贫资源进行村级综合扶贫。主要有种植业、养殖业、人畜饮水工程、新建及改扩建公路、技术培训、村小学设施、卫生室及设施、文化设施等。在这一过程中，贫困户全程参与扶贫项目的选择、组织、实施和监督，从而大大提升了扶贫项目的针对性、可操作性和益贫式增长的效率。

整村推进的资金来源主要包括以工代赈资金、财政发展资金、各相关行业发展资金和少量的专项扶贫贷款。经过不断的投入，整村推进工作已经取得了明显进展，使贫困村生产生活条件得到了明显的改善，多数农民的收入得到了显著的提高。由于道路、通信等条件的改善，不少贫困村能够开拓新的生产门路，更好地发挥了比较优势。基础设施的改善也促进了贫困村的劳务输出，从而间接地增加了贫困农户的家庭收入。

但与村级规划相比，整村推进的速度还是过慢，各省的进展很不平衡。主要表现在实际扶贫投资与规划投资所需资金相比严重不足，加上配套资金不足，项目实际得到的资金往往比规划少，使得工程不得不缩小规模、降低等级或者通过各种渠道争取其他资金弥补不足。资金不足的主要原因是现有扶贫资金并没有得到有效整合来用于整村推进，占扶贫资金一半以上的信贷资金基本没有用于贫困村和贫困户，以工代赈资金也只有一部分用于贫困村。在整村推进实施村中，不同类型农户所获得的收益是不一样的，受益较多的往往是贫困村中那些相对富裕的农户。这是因为很多贫困人口因参与项目的门槛过高，拿不出部分配套资金而被排斥在项目之外。在目前的这种项目实施和农户选择机制下，实际上产生了对绝对贫困人口的排挤效应，导致在村内出现了帮富不帮穷的结果。

4. 产业扶贫

产业扶贫是一种以发展贫困地区特色产业为手段的扶贫方式，是开发式扶贫的重要组成部分。贫困地区大多环境优美、山清水秀、没有污染，在这些地区发展绿色、特色产业，可以适应社会消费多样性、生态化的需要，推动产业结构调整。产业化扶贫模式通过确立主导产业、建立生产基地、提供优惠政策、扶持龙头企业，实现农户和企业双赢，从而实现带动贫困农户脱贫致富的目标。它是以市场为导向，以龙头企业为依托，利用贫困地区特有资源优势，对接市场需求，按照产业化的发展方向，连片规划建设，打造有特色的区域性主导产业，逐步形成“贸工农一体化、产加销一条龙”的产业化经营体系，持续稳定地带动贫困农民快速致富，其“开放式、造血式”的扶贫模式对于改变欠发达地区的“久扶不脱贫”困境具有明显的优势，能够降低返贫的风险，保障脱贫的长期效果。

产业扶贫是开发式扶贫的核心内容，产业化扶贫在目前开发式扶贫过程中发挥着主导作用。产业扶贫实施主体是多元的，有政府组织，也有非政府组织，受益的对象是农村贫困农户。贫困地区农业产业化的关键是发展具有市场开拓能力的大中型农产品加工企业，通过这些企业来为贫困户提供产前、产中和产后的系列化服务，从而帮助农户提高农业生产的质量和水平，并增加收入。将产业扶贫作为开发式扶贫的重点，其原因是：首先，产业扶贫可以帮助贫困地区解决生存和发展问题。根据目前的政策，扶贫资金到了地方上要求将其中的70%左右用于产业扶贫。其次，产业扶贫实践增收效果显著，通过发展支柱产业，农民人均纯收入有了较大的提高。产业扶贫的难度主要表现在以下五个方面：有产品没资金、有人力没技术、有产业没产业链、有品牌没名牌、有利益没机制。产业扶贫中有很多属于经济性质的开发项目，今后的产业扶贫在重视前期的资金投入的同时也要关注中期的严密技术服务、管理指导投入和后期产品生产出来以后的市场开发、销售组织等。

现阶段中央正出台专项政策，统筹使用涉农资金，重点支持贫困村、贫困户因地制宜地发展种养业和传统手工业等。探索以土地经营权确权入股开展资产收益扶贫，以财政资金形成资产确权入股开展资产收益扶贫。各有关省（区、市）编制省、县两级贫困地区特色产业发展规划，大力支持有劳动能力的贫困人口因地制宜发展特色产业。“十三五”

期间，规划通过产业带动 3 000 万人脱贫。

5. 金融扶贫

资金短缺一直是制约贫困人口生存和发展的重要因素。在农村扶贫开发中，财政支农与金融扶贫相辅相成。金融扶贫同样具有不同程度的政策性和公共性特点，同时坚持可持续性和商业化运作，有利于弥补财政投入缺口，克服财政支农规模有限和效率不高等问题，有助于改善农村金融服务，活跃农村经济。

早期的农村小额信贷作为一种特惠式的金融服务，通过中国农业银行行政渠道发放贴息贷款，虽然为贫困农户提供了所需的资金，但贷款回收率极低，最后不得不通过国家兜底来解决大量呆账坏账问题。从本质上来看，农村金融市场具有风险高、成本高、利润低的特点，使得金融扶贫具有不同于金融资源的完全市场化自由配置的基本特点。

从 2006 年开始，全国 1.36 万个贫困村开展了贫困村互助资金试点，每个试点村安排财政扶贫资金 15 万元，按照“民有、民用、民管、民享、周转使用、滚动发展”的方式支持村民发展生产，建立起财政扶贫资金使用长效机制。2014 年底，国务院扶贫办、财政部、中国人民银行、银监会、保监会联合印发的《关于创新发展扶贫小额信贷的指导意见》，要求各地为建档立卡贫困户提供“5 万元以下、期限 3 年以内”的扶贫小额信贷产品，深受贫困农户欢迎和社会各界好评。截至 2015 年底，已向贫困户发放资金 1 200 亿元。扶贫再贷款、金融债等金融扶贫创新产品也在不断推出。

随着金融扶贫的不断推进，贫困地区金融基础设施建设进展不断加快，截至 2015 年末，贫困地区已设立县级银行业金融机构 5 185 个，服务网点 4.4 万个，共布放 ATM 机、POS 机具等自助设备 120.3 万台①。下一阶段的金融扶贫，需要通过完善激励和约束机制，推动各类金融机构实施特惠金融政策，加大对脱贫攻坚的金融支持力度，特别是要重视

① 王观. 发挥金融力量 着力精准扶贫. 人民日报，2006-06-20.

发挥好政策性金融和开发性金融在脱贫攻坚中的作用。

6. 教育扶贫

教育扶贫，是指针对贫困地区的贫困人口进行教育投入和教育资助服务，使贫困人口掌握脱贫致富的知识和技能，通过提高当地人口的科学文化素质以促进当地的经济和文化发展，并最终摆脱贫困的一种扶贫方式。教育作为人力资本的基本要素，是推进社会公平的主要途径，其发展水平的滞后是贫困人口贫困的根源之一，用教育来提高劳动力的生产率和贫困人口把握机会的能力，是消除贫困“代际传递”恶性循环的有效路径。“扶贫先扶智”决定了教育扶贫的基础性地位，“治贫先治愚”决定了教育扶贫的先导性功能，“脱贫防返贫”决定了教育扶贫的根本性作用。中国的教育扶贫的主要任务是全面加强基础教育、加快发展现代职业教育、提高高等教育服务能力、提高学生资助水平以及提高教育信息化水平。除实施对农村义务教育阶段贫困家庭学生“免杂费、免书本费、逐步补助寄宿生生活费”的“两免一补”政策外，中国先后面向连片特困地区启动实施了 20 项特殊的教育扶贫政策，基本实现了贫困地区义务教育普及、学校基础设施条件改善、贫困家庭学生资助、农村教师生活条件改善和能力提升等方面的覆盖，扶贫成效显著。

近年来，中国实行了一系列的教育扶贫措施，取得了良好的效果①。从 2010 年到 2012 年，连续三年，一年一进阶，在国家政策的强力推动下，普通高中、学前教育、中等职业教育三大领域全部纳入国家学生资助体系。自 2011 年起，中国在连片特困地区启动实施农村义务教育学生营养改善计划，片区内 3 200 多万农村义务教育阶段学生直接受惠。从 2012 年起，中国启动实施面向贫困地区定向招生专项计划。该计划实施以来，受惠学生由 2012 年的 1 万人增加到 2014 年的 5 万人，贫困地区农村学生上重点高校人数连续两年增长 10%以上。2013 年 7 月，

① 柴葳. 教育是最根本的精准扶贫：党中央国务院强力推进教育扶贫工作综述. 中国教育报，2016-03-03.

国务院办公厅转发了教育部等部门《关于实施教育扶贫工程意见的通知》，明确了教育扶贫的总体思路、主要任务和保障措施等，要求充分发挥教育在扶贫开发中的重要作用。2015 年 1 月，教育部会同国家卫生计生委等部门制定了《国家贫困地区儿童发展规划（2014—2020 年）》，对片区内从出生开始到义务教育阶段结束的农村儿童的健康和教育实施全过程的保障和干预，编就一张保障贫困地区儿童成长的安全网。从 2016 年秋季学期起，免除公办普通高中建档立卡家庭经济困难学生（包括非建档立卡家庭经济困难残疾学生）的学杂费。同时，对民办学校符合条件的学生，按照当地同类型公办学校标准给予补助。

下一阶段，要把教育扶贫全覆盖行动作为工作重点，全面覆盖贫困地区的学校、教师、学生和建档立卡贫困户，从学前教育、义务教育、普通高中教育、职业教育、高等教育、继续教育和贫困家庭学生教育七个层面构建全领域结对帮扶关系，聚焦最薄弱领域和最贫困群体，定向施策，精准发力，加快贫困地区教育事业发展。教育扶贫目标达成以及各级教育经费的高效使用，都应以确保经费投入的公开、透明为前提，而在手段上有必要采取诸如追踪电子学籍档案、摸清贫困生规模数量、准确认定贫困生信息等具体工作机制加以保障。

7. 健康扶贫

疾病是致贫返贫的重要因素。根据 2013 年全国农村建档立卡贫困户致贫原因来看，有 42.1%的贫困农户因病致贫。党的十八大以来，健康扶贫工作取得了积极进展，因地因人施策、因病分类救治，切实提高了健康扶贫的针对性和有效性。

一是农村贫困人口医疗保障水平逐步提高。新型农村合作医疗制度已经覆盖了 97%以上的农村居民，截至 2015 年，人均政府补助标准提高到 380 元，政策范围内门诊和住院费用报销比例分别达到 50%和 75%左右。全面实施城乡居民大病保险，覆盖了超过 10 亿的参保居民，报销比例不低于 50%。建立疾病应急救助制度，全面开展重特大疾病医疗救助。逐步建立了基本医保、大病保险、医疗救助和疾病应急救助的衔接机制，农村贫困人口就医“接力”保障机制初步形成。全民医保制度防大病、兜底线的能力进一步增强，农村居民看病负担大大减轻。二是贫困地区医疗卫生事业建设不断加快。2012 年以来，共安排中央专项投资资金 794 亿元支持贫困地区 11 万个卫生计生机构基础设施建设，极大地改善了贫困地区卫生计生服务条件。在贫困地区实施农村定向免费医学生培养、全科医生特设岗位计划、西部卫生人才培养等项目，开展卫生计生人才综合培养试点，努力缓解掣肘贫困地区卫生计生事业发展的人才紧缺问题。三是医疗卫生机构对口支援工作不断深入。组织全国 1 644 家三级医院与 3 945 家县级医院建立了对口支援关系，其中，832 个贫困县的县级医院基本上均有城市三级医院在进行帮扶。四是公共卫生、疾病预防控制工作力度不断加大。2015 年，人均基本公共卫生服务经费标准提高到 40 元，12 大类 45 项基本公共卫生服务得到全面落实。全面实施重大公共卫生项目，加大贫困地区疾病预防控制工作力度。实施贫困地区儿童营养改善和新生儿疾病筛查项目，为连片特困地区贫困家庭 246 万名 6～24 个月的婴幼儿每天补充 1 个营养包，为 206 万名新生儿开展免费疾病筛查，有效改善了农村贫困儿童营养和健康状况。五是动员社会力量取得了实质进展。建立了卫生计生行业专项扶贫基金——“健康暖心”扶贫基金，实施“健康暖心”工程，为特殊困难家庭及人群提供大病救助、医疗补助、养老服务救助及实施先天性心脏病儿童免费救治等“一免三助”服务。

2016 年 6 月，国家卫生计生委、国务院扶贫办等 15 个部门联合印发《关于实施健康扶贫工程的指导意见》，明确了实施健康扶贫工程的总体要求、重点任务和保障措施，对组织实施提出了要求。在提高农村贫困人口医疗保障水平方面建立基本医疗保险、大病保险、疾病应急救助、医疗救助等制度的衔接机制，发挥协同互补作用，形成保障合力。通过实行县域内农村贫困人口住院先诊疗后付费、加大医保控费力度、推进贫困地区分级诊疗制度建设，有效控制农村贫困人口大病医疗费用。通过核准农村贫困人口中因病致贫、因病返贫家庭数量及患病人员情况，建立贫困人口健康卡并实行签约服务，对需要治疗的大病和慢性病患者实行分类救治，做到对农村贫困人口大病和慢性病进行分类救治。通过实施全国三级医院与连片特困地区县和国家扶贫开发工作重点县县级医院一对一帮扶、加强贫困地区医疗卫生服务体系建设、强化人才综合培养、统筹推进贫困地区医药卫生体制改革，提高贫困地区医疗卫生服务能力。通过加大贫困地区慢性病、传染病和地方病防控力度，加强贫困地区妇幼健康工作，深入开展贫困地区爱国卫生运动等综合措施提高贫困地区贫困人口的健康水平。

8. 劳动力转移脱贫

贫困地区劳动力资源丰富，以至于农村劳动力人均占有资源或资本过少，劳动力等生产要素的边际生产率较低。相当一部分农民在农村内部获得就业机会是十分困难甚至是不可能的，如果强行挤在农村则必然是以隐性失业或半失业状态存在，因此，中国贫困地区农民的出路之一是向非农产业和城市转移，但中国贫困地区的剩余劳动力多数文化教育水平低、劳动技能不足，不能适应市场对劳动力的需求，难以进入高收入行业，使得劳动力转移存在巨大的障碍。

劳务输出是帮助贫困地区解决劳动力供需矛盾的一个途径。进行劳务输出，能够降低输出地的人口压力，缓解人地矛盾，使贫困人口有更多的机会在条件更好的农村就业或者在当地或外地从事非农生产，是一种重要的脱贫方式。2006 年，国务院扶贫办启动了一项针对农村贫困人口的劳动力转移培训就业脱贫工程——“雨露计划”，标志着中国的扶贫开发由以自然资源开发为主发展到自然资源开发与人力资源开发并重的阶段。2007 年，“雨露计划”扶贫培训在全国贫困地区开始全面实施。2010 年，国务院扶贫办、财政部联合启动了“雨露计划”实施方式的改革，对贫困家庭劳动力接受职业教育和培训进行直接补助。“雨露计划”扶贫培训的工作重点包括贫困家庭新生劳动力职业教育培训助学工程、贫困家庭青壮年劳动力转移就业培训工程、贫困家庭劳动力扶贫产业发展技能提升工程、贫困村产业发展带头人培养工程。“雨露计划”扶贫培训作为专项扶贫工作的重要内容，是专项扶贫工作中唯一以提高扶贫对象素质和就业能力为目标的“软”措施，是根治贫困症结、切断贫困代际传递的最有效途径之一。“雨露计划”扶贫培训以政府主导、社会参与为特色，以提高扶贫对象就业和创业能力为宗旨，以职业教育、创业培训和农业实用技术培训为手段，通过提高扶贫对象的综合素质和技能，帮助他们在城市或发达地区获得非农就业的机会，从而迅速提高被转移劳动力及家庭的收入和生活水平，实现脱贫致富的目标。

当然，也应该看到，贫困地区农村劳动力素质低下，加上制度因素，包括现行的户籍制度、社会保障制度和土地制度，劳动力市场发育滞缓，劳动中介组织发育程度低，政府对农村劳动力转移就业的服务不到位，严重制约着中国农村剩余劳动力转移脱贫。目前，中国政府积极开展贫困人口劳务输出对接行动，出台特惠政策举措，开展农村劳动力转移培训，提高农村劳动力素质，支持贫困人口转移就业，鼓励东部地区和大中城市吸纳贫困劳动力就业，提供配套服务，促进贫困人口通过转移就业脱贫。对参加中高等职业教育的贫困家庭子女加大扶持力度，提高转移就业成效。中国政府明确提出，“十三五”时期，将通过帮助有就业意愿的建档立卡农村贫困劳动力实现转移就业，实现 1 000 万人脱贫，并使每个有参加职业培训意愿的贫困劳动力每年都能接受至少一次免费职业培训。输出地与输入地要明确帮扶目标措施，通过政策扶持引导，强化技能培训，加强权益保障，重点帮助已转移就业的贫困劳动力实现稳定就业。

9. 专项扶贫试点

为了解决制约贫困地区发展的突出问题，中国政府在一些特殊类型的困难地区开展了符合当地特点的扶贫开发工作。例如，在河北阜平县开展了整村推进试点；在四川省阿坝藏族羌族自治州，开展了扶贫开发与综合防治大骨节病相结合的试点；在贵州省晴隆县开展了石漠化地区的扶贫开发与生态环境建设相结合的试点；对云南省的布朗族及瑶族山瑶支系实施全面扶贫；在汶川、玉树地震灾区，把贫困地区的防灾减灾与灾后恢复重建有机结合，全面推进灾后恢复重建（见表 3 - 2）。近年来，国务院扶贫办也在逐渐探索光伏扶贫试点项目、资产收益扶贫试点项目等新型扶贫模式，这些试点为因地制宜做好扶贫开发工作探索了道路，积累了经验。

表 3－2　中国部分专项扶贫试点项目一览表

地区	试点项目
河北	阜平县整村推进试点
湖北	房县回龙乡移民扶贫项目、恩施州综合扶贫试点
四川	大小凉山扶贫开发与艾滋病综合防治试点、阿坝州扶贫开发和综合防治大骨节病试点、汶川灾后恢复重建
贵州	晴隆县石漠化治理综合扶贫、威宁喀斯特地区扶贫开发综合治理试点
云南	澜沧拉祜族自治县综合扶贫项目
甘肃	定西市产业化扶贫、临夏州扶贫攻坚项目
宁夏	移民扶贫项目、中部干旱带扶贫项目
四川、贵州、云南、陕西、甘肃、新疆、青海	“溜索改桥”工程

10. 社会扶贫

(1) 东西部扶贫协作。

东部发达省市与西部贫困地区结对开展扶贫协作，这是中央根据邓小平同志“两个大局”“共同富裕”战略思想做出的决策部署，是国家为实现共同富裕目标做出的一项制度性安排。自 1996 年开始，中国政府做出部署，安排东部 15 个经济较发达的省、市与西部 11 个省（区、市）开展东西部扶贫协作工作。东西部扶贫协作形式多样，形成了政府援助、企业合作、社会帮扶、人才支持为主的基本工作框架。目前，东部共有 9 个省（市）和 9 个大城市对口帮扶西部 10 个省（区、市），以及对口支援西藏、新疆和四省藏区。东西部扶贫协作双方根据优势互补、互利互惠、长期合作、共同发展的原则，在政府援助、企业协作、社会帮扶、产业发展、干部交流、人才培训、劳务输出等方面开展了多层次、多形式的扶贫协作。其目的不仅是要推动西部地区的减贫工作，而且要实现东西部优势互补和经济协作。除全国性的东西部扶贫协作外，许多省也制定了省内的区域扶贫协作项目，如山东省对鲁西南地区的扶贫协作、江苏省苏南支援苏北的扶贫协作等。

东西部扶贫协作目前呈现力度增强、领域拓宽、机制创新、体系不断健全的良好势头，出现四个明显的趋势性变化。一是结对帮扶关系多元化。从最初的省市间的结对帮扶，发展到市县层层结对，从东部一省一市一县对西部一省一市一县发展到多省市对一省、一个地市加一个国有企业对一地州、一区县加一市直单位对一县的帮扶形式。二是结对帮扶工作普遍化。从中央层面组织开展的东西部扶贫协作发展到各省组织的地市结对帮扶和地市组织的区县结对帮扶。三是企业协作和政府援助逐渐加强，人才交流工作趋于弱化。由政府援助拓展为各类市场主体共同参与，且进一步发展为社会团体、民间组织、爱心人士等社会各界多形式、宽领域的广泛参与。四是结对帮扶互动性增强。东西部扶贫协作已经由刚起步时东部单向帮扶西部，拓展为在对口帮扶框架下东西部双向互动、共同发展、实现双赢。

下一阶段，中国将抓紧研究制定东西部扶贫协作工作的指导意见和考核办法，推动这项工作进一步深化和完善。以经济协作为主，不断拓展协作的领域范围，整合各类帮扶资金，实现扶贫协作与行业扶贫、定点扶贫的有效衔接，坚持优势互补，实现共同发展。

（2）定点扶贫。

为加大对革命老区、民族地区、边疆地区、贫困地区发展的扶持力度，国家大力开展定点扶贫工作。国家确定的定点帮扶单位主要包括中央和国家机关各部门各单位、人民团体、参照公务员法管理的事业单位、国有大型骨干企业、国有控股金融机构、国家重点科研院校、各民主党派中央及全国工商联等，定点帮扶对象为国家扶贫开发工作重点县。与此同时，要求地方各级党政机关和有关单位也要切实做好定点扶贫工作。多年来，定点帮扶单位采取干部挂职、基础设施建设、产业化扶贫、劳务培训和输出、文化教育扶贫、科技扶贫、引资扶贫、生态建设扶贫、医疗卫生扶贫、救灾送温暖等多样化措施开展定点帮扶。

通过人和物的结合、人对物的开发利用，定点扶贫在扶贫开发中构建和支撑了“三位一体”大扶贫的格局，在扶贫开发中占据了重要的地位，并发挥了巨大的作用。截止到 2016 年 4 月底，271 个单位编制了“十三五”定点扶贫规划和年度计划，250 个单位制定了 2016 年资金投入计划，210 个单位向定点扶贫县选派了 448 名扶贫挂职干部，307 个单位向定点扶贫县派驻了 336 名“第一书记”。中央国家机关单位定点扶贫工作正遵循着精准扶贫、精准脱贫的基本方略深入推进[①]。68 家中央企业在定点扶贫的 108 个革命老区贫困县开展“百县万村”活动，帮助解决 1 万多个贫困村的水电路问题。“十二五”期间，中央单位共向 592 个重点县选派挂职干部 1 670 人次，投入帮扶资金（含物资折款）118.6 亿元，帮助引进各类资金 695.8 亿元，组织劳务输出 31 万人次。

（3）军队和武警部队扶贫。

军队和武警部队是中国社会扶贫的一支重要力量。2001—2010 年，军队和武警部队根据国家和驻地扶贫开发总体规划，发挥优势，主动作为，积极参与实施定点扶贫和整村推进扶贫，支援农田水利、乡村道路、小流域治理等农业农村基础设施建设，开展捐资助学、科技服务和医疗帮扶等活动。“十二五”期间，中国人民解放军和武警部队先后建立扶贫联系点 2.6 万多个，对全国 35 个贫困县、401 个贫困乡镇、3 618 个贫困村进行定点帮扶。

（4）人民团体、社会组织和个人扶贫。

政府扶贫模式在资金、推动力、覆盖面等方面有得天独厚的优势，社会组织则以灵活、专业等优势弥补政府的不足。各类人民团体、社会组织、民营企业和广大公众积极参与扶贫开发，针对特殊困难地区和群众脱贫致富的要求，通过定点帮扶、结对帮扶、实施专项扶贫工程、参与具体扶贫活动等多种形式，支持产业发展，援建基础设施，发展教育卫生事业，改善生产生活条件，开展生态环境建设。各类组织有效动员

---

① 郑文凯. 在中央国家机关单位定点扶贫工作座谈会上的讲话. 国务院扶贫开发领导小组办公室网站，2016-10-17.

有专业技术且致力于扶贫等公益事业的有识之士，积极开展帮助贫困群众脱贫致富的志愿者活动。民营企业积极履行社会责任，通过捐助资金、招聘劳力、建立产业和培训基地等多种方式参与扶贫开发。

2014 年，国家将每年的 10 月 17 日设立为“扶贫日”。在扶贫日前后组织开展系列活动，2014 年和 2015 年共募集资金约 150 亿元。相继开展全国社会扶贫先进集体和先进个人评选及“中国消除贫困奖”评选表彰活动；启动民营企业“万企帮万村”精准扶贫行动，万达集团、恒大集团等民营企业率先开展包县扶贫行动，苏宁、京东等企业积极参与电商扶贫工作；中国扶贫基金会等社会组织募集大量资金用于精准扶贫项目。成立中国扶贫志愿服务促进会，建设社会扶贫网，着力打造社会扶贫参与平台。

社会扶贫工作中要更加重视发挥市场机制作用，下一阶段可以通过竞争的方式，由政府财政资金购买社会组织服务，推动社会组织打造社会扶贫精品项目和品牌。通过建立全国统一的社会扶贫公众信息交流平台，结合贫困人口建档立卡工作，将贫困信息、需求与社会各界的扶贫意愿、扶贫资源通过网络平台进行有效对接，塑造社会扶贫和公益慈善的公信力。

三、中国农村社会保障

长期以来，中国农村社会保障制度覆盖面窄、水平低，且在较长的时期内存在比城市严格得多的对象限制，直到农村低保制度的普遍推行才有所改变。中国农村社会保障制度大概可以分为两大块：一是五保供养制度，二是最低生活保障制度。农村社会保障制度能够缓解经济增长与收入分配之间的矛盾，通过瞄准贫困人口来防范风险，实现长效化治理。当前的农村反贫困战略更加强调将开发式扶贫与农村社会救助相结合，试图构建以权利公平、机会公平、结果公平等为核心的社会保障体系。

（一）五保供养制度①

五保供养制度是中国特有的社会救助制度。五保供养制度形成于20世纪50年代末期，是中国农村广为人知的福利项目。1956年的《高级农业生产合作社示范章程》规定："农业生产合作社对于缺乏劳动力或者完全丧失劳动力、生活没有依靠的老、弱、孤、寡、残疾的社员，在生产上和生活上给以适当的安排和照顾，保证他们的吃、穿和柴火的供应，保证年幼的受到教育和年老的死后安葬，使他们生养死葬都有依靠。"1958年人民公社普遍成立以后，《1956年到1967年全国农业发展纲要》中规定了五保内容。这一时期，五保供养以人民公社为组织依托，成为一种集体福利项目，本质上属于社区福利的范畴。1979年，农村实行生产责任制后，五保供养形式和供给渠道有所改变，但五保的待遇基本没变。1994年1月，《农村五保供养工作条例》实施，该条例规定："五保供养的实际标准，不应低于当地村民的一般生活水平。""五保供养所需经费和实物，应当从村提留或者乡统筹费中列支"。1997年3月，民政部又颁布《农村敬老院管理暂行办法》。这两项规章的出台，标志着中国农村五保供养工作开始走上规范化、法治化的管理轨道。这一时期，五保供养工作的性质可以定位为"国家法定的社区福利事业"，即国家通过制定政策、颁布法规以及提供一定财政支持的方式，要求农村社区（村）为其成员中符合资格的五保户提供现金和非现金供养。

2000年以来，随着中国农村税费改革试点工作的推进，农村五保供养资金渠道随之调整。取消农业税及附加后，供养经费调整为主要从上级财政转移支付和地方各级财政预算中安排。2006年3月，新修订的《农村五保供养工作条例》施行，对供养对象、供养内容和供养形式等做出了明确规定，标志着五保供养由集体福利事业转型为现代社会保障

① 张凌. 中国五保供养制度的变迁. 中国青年报，2006-03-02；韩鹏云. 我国农村五保供养的制度变迁与路径选择. 安徽师范大学学报（人文社会科学版），2015（3）：310-315.

制度，所需资金由农民分摊转由国家财政负担，最大的进步是将原来“五保供养是农村的集体福利事业。农村集体经济组织负责提供五保供养所需的经费和实物”，改为“农村五保供养资金，在地方人民政府财政预算中安排”，“中央财政对财政困难地区的农村五保供养，在资金上给予适当补助”（见表 3－3）。这是农村五保供养制度质的飞跃，五保户从“吃百家粮”变为“吃皇粮”。2014 年，国务院颁布施行《社会救助暂行办法》，将农村五保供养和城市“三无”人员救助制度统一为特困人员救助供养制度，进一步标志着我国特困人员救助供养制度由城乡分制走向城乡一体，社会救助步入城乡无差别时代。

表 3－3　2016 年全国农村特困人员救助供养情况

指标	供养类型	
	集中供养	分散供养
供养人数（万）	137.1	357.8
供养平均标准（元/人·年）	6 776.3	5 217.2
供养人均支出水平（元/人·月）	443.9	348.3

资料来源：民政部网站。

具体来说，新时期的五保供养有以下几个转变：定位的转变，由农村集体福利事业转变为农村社会保障体系的一部分；资金来源渠道的转变，由原来的农村税费开支转变为政府财政预算，另外还有集体经营的收入、五保户的土地承包转让收入及国家专项资金的补助等辅助渠道；责任和执行主体的转变，由原来乡村两级作为责任主体提升至县乡两级，县级以上的民政部门及乡镇成为组织实施的责任主体；供养形式的转变，更加强调集中供养的作用。自此，农村五保供养工作开始由集体供养全面进入国家供养的新阶段。与其他社会救助方式不同，农村五保供养标准制定的基本原则是“不低于当地村民平均生活水平”，同时根据当地村民平均生活水平的变化及时调整。《社会救助暂行办法》规定，供养对象为无劳动能力、无生活来源且无法定赡养、抚养、扶养义务人，或者其法定赡养、抚养、扶养义务人无赡养、抚养、扶养能力的老年人、残疾人以及未满 16 周岁的未成年人。农村五保供养对象多数情况下都属于贫困人口，因此农村五保供养制度在反贫困斗争中发挥着重要作用。但从表 3-4 可以看出，五保供养制度覆盖面较窄，供养人数占农村人口比重不超过 1%，但是与农村贫困人口相比（2010 年贫困标准），五保供养人数占比越来越高。随着脱贫攻坚工作的推进，剩余的贫困人口与五保供养对象具有较大重合，贫困程度相对较深，开发式扶贫的减贫效应渐弱，救助供养制度对贫困人口发挥的保障作用愈加明显。

表 3-4　五保供养人数及其占农村人口和农村贫困人口的比重

年份	五保供养人数（万）	占农村人口比重（%）	占农村贫困人口比重（%）（2010 年贫困标准）
1985	197.6	0.24	0.30
1990	173.3	0.21	0.26
1995	209.5	0.24	0.38
2000	208.1	0.26	0.45
2001	213.3	0.27	
2002	296.8	0.38	
2003	204.2	0.27	
2004	228.7	0.30	
2005	300.0	0.40	1.05
2006	503.3	0.69	
2007	531.3	0.74	
2008	548.6	0.78	
2009	553.4	0.80	
2010	556.3	0.83	3.36
2011	551.0	0.84	4.50
2012	545.6	0.85	5.51
2013	537.2	0.85	6.51
2014	529.1	0.86	7.54
2015	516.7	0.86	9.27
2016	496.9	0.84	11.46

资料来源：历年《社会服务发展统计公报》《社会民政事业统计公报》《中国统计年鉴》和《中国农村贫困监测报告 2017》。

（二）最低生活保障制度

农村最低生活保障制度是指政府对家庭年人均收入低于当地最低生活保障标准的农村贫困家庭以户为单位，实行差额救助的制度。该制度是针对收入难以维持基本生活的农村贫困人口而建立的一种新型社会救助制度，旨在将符合条件的农村贫困人口全部纳入保障范围，稳定、持久、有效地解决全国农村贫困人口的温饱问题、保障基本生活，并帮助其中有劳动能力的人积极劳动、脱贫致富。开发式扶贫所针对的是农村低收入人口，强调的是低收入人口的发展权；最低生活保障所针对的是农村绝对贫困人口，强调的是贫困人口的生存权。与特困人员救助供养制度相比，农村最低生活保障制度更规范、层级更高，更加强调对贫困群体的救助不是一种“施舍”或“德政”，而是整个社会的责任。

2007 年，国务院发布《关于在全国建立农村最低生活保障制度的通知》，提出“在全国建立农村最低生活保障制度”的要求。农村最低生活保障制度对申请者个体不再进行任何“身份条件”的限定，只要家庭的人均收入低于当地的低保线，就应该获得最低生活保障救助。农村最低生活保障制度进一步完善了中国农村社会保障体系。

农村最低生活保障对象是家庭人均纯收入低于当地最低生活保障标准的农村居民，主要是因病残、年老体弱、丧失劳动能力以及生存条件恶劣等原因造成生活常年困难的农村居民。具体来说，农村最低生活保障对象分为四类：一是家庭成员均无劳动能力或基本丧失劳动能力的农户；二是家庭主要成员在劳动能力年龄段，但因严重残疾而丧失劳动能力，家庭保障确有困难者；三是家庭成员虽在劳动能力年龄段，但因常年有病，基本或大部分丧失劳动能力，家庭保障确有困难者；四是家庭主要成员因病、因灾死亡，其子女均不到劳动能力年龄段，生活特别困难者。凡符合保障条件的农户，由本人向户籍所在地的乡（镇）人民政府提出申请，村民会议讨论，村委会上报，乡镇政府审查，张榜公布，报请民政部门审批后实施。

保障标准由县级以上地方人民政府按照能够维持当地农村居民全年基本生活所必需的吃饭、穿衣、用水、用电等费用确定，并报上一级地方人民政府备案后公布执行，保障标准根据当地生活必需品价格变化和人民生活水平适时进行调整。资金的筹集以地方为主，农村最低生活保障制度实行地方人民政府负责制，按属地进行管理，低保资金列入地方财政预算，中央财政对财政困难地区给予适当补助。

2007 年，全国范围开始普遍建立和实施农村最低生活保障制度，农村享受最低生活保障的人数一直维持在较大规模。农村最低生活保障制度初期发展较快，2007 年农村最低生活保障人数只有 3 566.3 万，2013 年达到最高峰 5 388.0 万，增长了 51.08%。近年来，农村最低生活保障人数呈现下降趋势，但是整体上仍然维持在较大规模，2016 年农村最低生活保障人数为 4 586.5 万，相比 2007 年增长了 28.61%（见图 3－2）。中国农村最低生活保障进入了稳步发展的阶段。同时，全国农村平均最低生活保障标准不断提高，自 2011 年始，城乡低保标准与物价挂钩，较好地缓解了通货膨胀对低保家庭的影响。农村最低生活保障范围和力度都有了显著提高，给广大农民群众特别是生活困难群众带来了实实在在的好处。

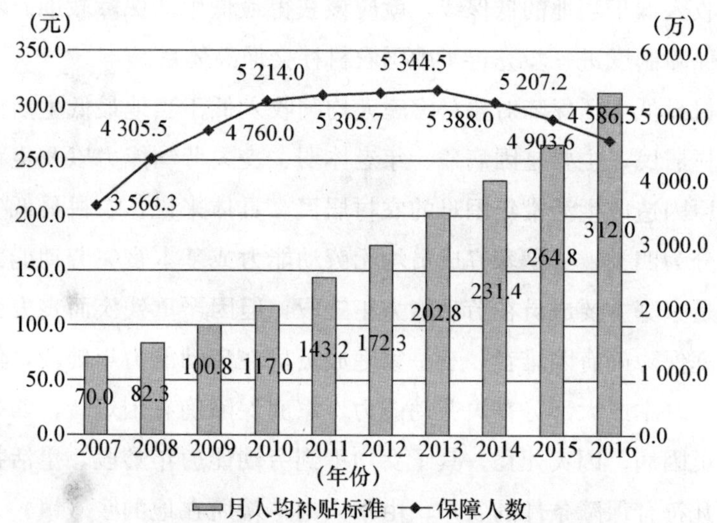

图 3－2 农村最低生活保障覆盖情况

资料来源：历年《社会服务发展统计公报》。

由于受我国当前农村经济与社会发展不平衡的影响，农村最低生活保障制度的发展存在一些问题。首先地区差异较大，从表 3－5 可以看出，东部等较发达地区的平均最低生活保障标准明显高于中西部，2017 年三季度平均最低生活保障标准最高的上海市达到了每人每年 11 640.00 元，而最低的陕西省只有每人每年 3 225.72 元。越不发达地区保障任务越重，地方财政更紧张，从而保障标准更低。

表3-5　各省平均最低生活保障标准及保障人数

地区	平均低保标准（元/年）	保障人数（万）	建档立卡贫困人口比重（%）
全国	4 211.30	4 078.21	22.04
北京市	11 095.38	4.53	
天津市	10 320.00	9.64	0.002
河北省	3 810.86	165.67	20.58
山西省	3 600.25	116.55	21.70
内蒙古自治区	4 891.22	117.60	1.32
辽宁省	4 251.44	74.03	16.77
吉林省	3 734.88	71.44	
黑龙江省	3 853.97	109.59	6.64
上海市	11 640.00	3.49	45.04
江苏省	7 034.70	100.48	4.33
浙江省	7 538.04	60.13	0.04
安徽省	4 369.29	147.52	58.35
福建省	4 948.54	4.05	58.66
江西省	3 738.89	177.13	3.32
山东省	4 012.35	188.99	1.33
河南省	3 315.11	293.78	6.11
湖北省	4 645.84	137.03	1.31
湖南省	3 580.54	120.85	54.34
广东省	6 282.36	144.53	3.71
广西壮族自治区	3 253.52	266.94	64.99
海南省	4 380.00	18.51	2.26
重庆市	4 272.31	59.49	26.27
四川省	3 629.98	353.02	9.03
贵州省	3 654.80	265.75	36.96
云南省	3 304.81	345.45	36.73
西藏自治区	3 261.43	23.10	1.78
陕西省	3 225.72	89.84	7.73
甘肃省	3 765.17	311.59	41.64
青海省	3 320.20	43.17	60.58
宁夏回族自治区	3 712.09	38.64	0.002
新疆维吾尔自治区	3 341.20	179.20	8.29

资料来源：民政部网站（截至2017年三季度）。

其次是农村扶贫开发与最低生活保障缺乏有效衔接。长期以来，农村低保和扶贫开发在对象、标准上，都做不到衔接一致。扶贫开发重在发展，帮助有能力的贫困人口脱贫；农村低保重在兜底，给基本生活需要无法满足的贫困人口提供生活保障。从表3-5可以看出，截至2017年三季度，在全国享受最低生活保障的人口里，建档立卡贫困人口占比

22.04%，存在被标记为扶贫户的拿不到低保，低保户又没有被标记为贫困户因而享受不到扶贫政策的情况。

实现农村扶贫开发和最低生活保障制度有效衔接的核心是建立和完善贫困人口识别机制，发挥最低生活保障制度的“兜底”作用。按照贫困标准和农村低保标准“两线合一”的思路，应该加大农村低保省级统筹力度，低保标准较低的地区要逐步达到国家贫困标准。由图 3－3 可知，与2010 年贫困标准相比，长期以来，低保标准低于贫困标准，但是这一趋势正在明显改变。同时，应该进一步加强贫困农户的家庭经济状况核查工作，坚持应扶尽扶，精准识别农村贫困人口，将符合条件的农村低保对象全部纳入建档立卡范围，给予政策扶持，帮助其脱贫增收；坚持应保尽保，及时将符合条件的建档立卡贫困户全部纳入农村低保范围，保障其基本生活。通过应保尽保、应扶尽扶，健全农村低保制度，完善农村低保对象认定办法；通过动态管理，做好农村低保对象和建档立卡贫困人口定期核查，建立精准台账，实现应进则进、应退则退。只有低保与扶贫有效衔接，对符合低保标准的农村贫困人口实行政策性保障兜底，才能确保到2020 年现行扶贫标准下农村贫困人口全部脱贫，不落一人。

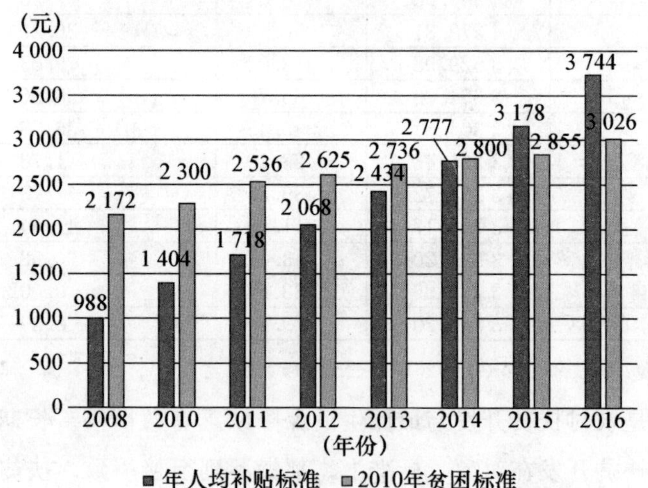

图 3－3　农村最低生活保障标准与 2010 贫困标准

资料来源：历年《社会服务发展统计公报》与《中国农村贫困监测报告 2016》。

总的来说，以五保供养和农村最低生活保障为代表的农村社会保障政策的实施，对解决部分没有生产能力的极端贫困人口的基本生存问题起到了重要作用。农村社会保障体系比开发式扶贫具有更好的可预期性和稳定性，开发式扶贫比农村社会保障具有更好的可持续性。开发式扶贫扶持具有一定劳动能力的贫困群体，维护其发展权；农村社会保障制度救助丧失劳动能力的贫困群体，维护其生存权。农村社会保障和开发式扶贫的制度整合，意味着中国贫困治理开始逐渐步入并轨化路径。

四、中国的惠农政策

惠农政策是指政府为了支持农业的发展、提高农民的经济收入和生活水平、推动农村的可持续发展而对农业、农民和农村给予的政策倾斜和优惠。近年来，中国实施了数量众多的惠农政策。

以家庭联产承包经营为主要内容的农村基本经营制度是中国共产党农村政策的基石。在农村产权制度保护方面，完善农村土地承包制度政策、发展多种形式的适度规模经营政策、健全农业社会化服务体系政策、推进农村产权制度改革政策，不断增加农民的财产性收入。在减轻农民负担、促进农民收入增长方面，实行减免农业税、取消除烟叶以外的农业特产税、全部免征牧业税，对种粮农民实行直接补贴、对部分地区农民实行良种补贴和农机具购置补贴的“三减免、三补贴”政策和退耕还林还草补贴政策；采取财政转移支付方式，实施天然林保护、防沙治沙、石漠化治理等重点生态工程，对生态保护者给予合理补偿。在农村医疗卫生和社会保障方面，2002 年开始建立以大病统筹为主的新型农村合作医疗制度，2007 年开始建立农村居民最低生活保障制度，2009 年开始建立新型农村养老保险制度。在建立健全财政支农资金的稳定增长机制方面，明确新增财政支出和固定资产投资向“三农”倾斜；加强农业基础设施建设，建设高标准基本农田；提高农村基本公共服务水平，探索建立促进城乡一体化发展的体制机制；发展现代农业，培育有文化、懂技术、会经营的新型农民和提高农业生产经营的组织化程度。

在新型农业经济主体培育方面，国家推出培育新型职业农民政策、农村劳动力培训阳光工程政策、培养农村实用人才政策、扶持家庭农场发展政策、扶持农民合作社发展政策，通过大力培育新型农业经营主体，增强农业农村经济发展活力；针对农村出现的新业态，推出发展休闲农业和乡村旅游项目支持政策、农业电子商务支持政策、政府购买农业公益性服务机制创新试点政策等。

与开发式扶贫和农村社会保障相比，惠农政策是按一定的原则对所有个体实施政策，不区分个体类别，针对所有农村贫困家庭和人口。在市场条件下，当外部资源介入时，开发式扶贫容易产生资源分配中强势人群更强、弱势人群更弱的“扶富不扶贫”现象，原因在于开发式扶贫的效果在很大程度上取决于贫困家庭的能力和在政策改革过程中的参与程度，贫困家庭能力越强、越容易接近资源，受益就会越大。总体来看，惠农政策在总体上给贫困家庭和贫困人口带来了巨大的好处，成为农村贫困人口减少的主要推动力量之一。普适性的、直接补贴式的政策因其本身更有利于贫困人口，且贫困人口并不需要为这些政策支付任何成本，因而取得了更大的减贫效果。与此同时，一些改革举措比如学校布局调整和推行寄宿制则对偏远地区的贫困人口产生了一定的负面影响。产生这些问题的原因是一部分政策措施率先加快推进，而补充配套措施没有跟上来，今后应该采取更加综合性的政策措施来推动贫困地区全面发展，使更多的贫困人口受益。

Poverty Alleviation in Contemporary China

Poverty Alleviation in CONTEMPORARY CHINA

第 4 章

中国的扶贫成效

4 中国的扶贫成效

伴随着改革开放进程的不断深入，中国的大规模扶贫开发也在持续推进。经过数十年的不断努力，中国的扶贫工作在使全国 7 亿多人脱贫的同时，也帮助世界顺利实现全球贫困人口减半的联合国千年发展目标。联合国《千年发展目标报告 2015 年》显示，2015 年全球生活在极端贫困中的人口为 8.36 亿，相比于 1990 年的 19 亿，下降幅度很大。这一伟大成就的背后，中国的减贫贡献功不可没。按照可比标准计算，自 1980 年以来，中国的减贫人口占同期世界减贫人口的 70%。经历了大规模开发式扶贫后，新时期的中国扶贫工作呈现出新特征、新要求，在投入更多资源扶贫攻坚的同时，当前阶段的中国扶贫工作更加注重精准度，要求扶贫资源与贫困户的需求准确对接，精准扶贫、精准脱贫成为新的扶贫方略。

一、中国的大规模减贫

受各种历史和现实因素影响，中国的贫困范围广、程度深。1978 年，按照当时的贫困标准，中国的贫困人口已达到了 2.5 亿，贫困发生率超过 30%。这意味着，超过 30%的乡村人口生活在贫困线以下。如以当前的贫困标准衡量，贫困发生率高达 97.5%，贫困人口达到 7.7 亿。为了改变这一状况，中国政府开展了大规模的减贫运动。为加强扶贫工作的针对性，提高扶贫工作成效，根据各地的实际情况，中国从 2 000 多个县中确定了 592 个扶贫开发工作重点县，另外新确定了 14 个连片特困地区，这些贫困县和片区被统称为贫困地区。

在中央及地方各级政府的主导下，经过数十年的扶贫努力，中国的扶贫事业取得了显著成效。无论是在贫困地区还是全国层面，农村的贫困人口都大幅度减少，贫困发生率不断下降，贫困人口的收入和消费不断提高、生产及生活条件不断改善，各类社会服务体系逐步建立并日趋完善。

扶贫工作的成效如何，最直观的指标就是贫困人口的绝对数量及相对数量。但是要反映这一具体指标的变化并不容易。因为随着经济水平的提高，原有的贫困标准不能够适应现实情况，鉴于此，中国对农村贫困标准进行了几次大的调整，每次贫困标准的提高都带来了贫困人口的大幅度增加。如果以现行每人每年 2 300 元（2010 年不变价）的贫困标准衡量，在 1978 年，中国农村有 7.7 亿贫困人口，贫困发生率高达 97.5%，这一数据意味着中国农村居民几乎全部为贫困人口，贫困现象极为普遍。到 2016 年，贫困人口下降为 4 335 万，贫困发生率降低到 4.5%。经过 38 年的努力，中国的扶贫工作使得超过 7 亿人脱贫，贫困发生率下降了超过 93 个百分点，这一成就举世瞩目（见表 4－1）。

表 4－1　　1978—2016 年中国农村贫困人口和贫困发生率

年份	1978 年标准		2008 年标准		2010 年标准	
	贫困人口（万）	贫困发生率（%）	贫困人口（万）	贫困发生率（%）	贫困人口（万）	贫困发生率（%）
1978	25 000	30.7			77 039	97.5
1980	22 000	26.8			76 542	96.2
1981	15 200	18.5				
1982	14 500	17.5				
1983	13 500	16.2				
1984	12 800	15.1				
1985	12 500	14.8			66 101	78.3
1986	13 100	15.5				
1987	12 200	14.3				
1988	9 600	11.1				
1989	10 200	11.6				
1990	8 500	9.4			65 849	73.5
1991	9 400	10.4				
1992	8 000	8.8				
1993	7 500	8.2				

续前表

年份	1978年标准		2008年标准		2010年标准	
	贫困人口（万）	贫困发生率（%）	贫困人口（万）	贫困发生率（%）	贫困人口（万）	贫困发生率（%）
1994	7 000	7.7				
1995	6 540	7.1			55 463	60.5
1996	5 800	6.3				
1997	4 962	5.4				
1998	4 210	4.6				
1999	3 412	3.7				
2000	3 209	3.5	9 422	10.2	46 224	49.8
2001	2 927	3.2	9 029	9.8		
2002	2 820	3	8 645	9.2		
2003	2 900	3.1	8 517	9.1		
2004	2 610	2.8	7 587	8.1		
2005	2 365	2.5	6 432	6.8	28 662	30.2
2006	2 148	2.3	5 698	6		
2007	1 479	1.6	4 320	4.6		
2008			4 007	4.2		
2009			3 597	3.8		
2010			2 688	2.8	16 567	17.2
2011					12 238	12.7
2012					9 899	10.2
2013					8 249	8.5
2014					7 017	7.2
2015					5 575	5.7
2016					4 335	4.5

注：(1) 1978年标准：1978—1999年称为农村扶贫标准，2000—2007年称为农村绝对贫困标准；(2) 2008年标准：2000—2007年称为农村低收入标准，2008—2010年称为农村贫困标准；(3) 2010年标准：是2011年最新确定的农村扶贫标准，即农民人均纯收入2 300元(2010年不变价)。

资料来源：历年《中国农村贫困监测报告》。

毋庸置疑，贫困人口及贫困发生率是显示脱贫成效的核心指标，两者的大幅下降直接体现了中国的脱贫成效显著。但是减贫的实质是从各个方面改善贫困人口的收入状况与发展条件，单从贫困人口数量和贫困发生率这个层面衡量，并不能完整呈现中国的减贫成效。同样，中国幅员辽阔、区域差异显著，如果仅仅从全国的农村层面分析中国的减贫成效而不聚焦于贫困人口集中的区域，那么也不能全面反映中国的脱贫成效与贫困人口的实际生活情况。

为全面反映农户收入、生产生活条件、公共服务等方面的变化，结合中国贫困人口分布的现实情况，分别从贫困地区农户、扶贫重点县农户以及农村贫困人口三个方面进行分析，全方位展示中国扶贫取得的综合成效。

（一）贫困地区农户脱贫

贫困地区包括全国 14 个连片特困地区共 680 个片区县及 592 个扶贫重点县。需要说明的是，在 592 个扶贫重点县中，440 个也是片区县，只有 152 个扶贫重点县位于连片特困地区之外。因此，中国的贫困地区包括 832 个县级单元。

2016 年，全国共有贫困人口 4 335 万，贫困发生率为 4.5%。其中，贫困地区的贫困人口为 2 654 万，贫困发生率为 10.1%，贫困发生率是全国的 2 倍多。这一数据说明全国超过 60%的贫困人口生活在贫困地区，贫困人口相对集中。从 2012 年到 2016 年，全国的贫困人口由 9 899 万下降到 4 335 万，5 564 万人顺利脱贫，而同期贫困地区的贫困人口从 6 039 万下降为 2 654 万，减少 3 385 万人，年均减少近 677 万贫困人口，对全国的减贫贡献率达到 60.8%。

除了宏观层面上的贫困人口及贫困发生率，农户的收入及消费直接决定农户是否脱贫，是衡量农户生活水平的核心指标，对这一数据的分析有助于直观掌握农户的贫困状况。

贫困地区的农户无论是在收入还是在消费方面，都较以往有显著的提高。2016 年，中国贫困地区的农村居民人均可支配收入为 8 452 元，人均消费支出达为 7 331 元，名义增速分别为 10.4%和 10.1%，其中，人均可支配收入名义增速高于全国农村平均水平 2.2 个百分点，人均消费支出名义增速则比全国水平高 0.3 个百分点。这些数据意味着贫困地区农村居民的收入和消费增长更快，与全国农村平均水平的差距在逐步缩小。

在收入及消费结构方面，贫困地区农村居民的收入及消费也开始更加多元化。在收入结构中，工资性收入、经营净收入及转移净收入三者占比近99%，财产净收入虽然占比仅为1.3%，但是2016年的名义增速为14.3%，势头非常迅猛。而在消费结构方面，人均7 331元的消费支出主要用于传统的食品、居住以及交通通信三方面，这三者占比67.1%。但是食品的消费增速却在各种消费中较慢，交通通信、教育文化娱乐及医疗保健等方面增长迅速。这些情况说明，贫困地区农村居民的吃住条件基本得到满足，开始寻求更高层次的消费，这也符合经济社会发展的规律。

伴随着收入的不断增长，农村居民的日常生活条件也在不断改善。住房方面，2016年贫困地区农村居民户均住房面积为137.3平方米，居住在钢筋混凝土房或砖混材料房的农户比重为57.1%。77.1%的农户住宅外为水泥、柏油路面或者沙石、石板等硬质路面，出行的道路条件得到了大幅度改善。饮水方面，超过85%的农户饮水难题得到解决，喝上经过净化的自来水的农户比重也超过40%。但是，各地仍有较多农户利用井水、泉水等作为主要水源，饮用水改造还有较大的提升空间。厕所方面，没有独用厕所的农户比重大幅度降低。2016年，贫困地区独用厕所的农户比重为94.2%，大多数农户使用普通旱厕，厕所条件的提高一定程度上改善了贫困地区的日常卫生条件。耐用消费品方面，贫困地区农户的消费也在稳步提升。2016年，超过八成的农户拥有洗衣机，超七成农户拥有电冰箱，而移动电话每户平均有2.2部。电脑和汽车也不再少见，每百户农户拥有超过11辆汽车，拥有电脑的农户比重也超过15%。

贫困地区的基础设施明显改善。2016年，通电自然村接近全覆盖，所在自然村通电话的农户比重为99.9%，所在自然村通有线电视信号的农户比重为94.2%。所在自然村通宽带的农户比重也达到79.8%。村内主干道路面经过硬化处理的农户比重达到了96.0%，在此基础上，所在自然村能便利乘坐公共汽车的农户比重也达到63.9%。这些数据相较于以往，均有明显增长。

公共服务的不断完善，也为百姓的日常生活带来了极大的便利。所在自然村有卫生站（室）的农户比重达到 91.4%，小病农户完全可以实现村内就医。86.5%的行政村拥有文化活动室，农户有了自己的活动场地和设施，有效满足村内百姓的文化生活需求。所在自然村上幼儿园以及上小学便利的农户比重分别达到 79.7%和 84.9%，农户子女的就学问题得到极大改善。

(二) 扶贫重点县农户脱贫

在分析完贫困地区农户之后，继续聚焦于范围更小的国家扶贫重点县，分析扶贫重点县内农户的生活情况。国家扶贫开发工作重点县也就是俗称的“国家级贫困县”，国家根据贫困人口数量、农民收入水平、基本生产生活条件以及扶贫开发工作情况等一系列的指标对县级行政区进行确认。这些扶贫重点县一般经济落后，贫困人口众多，生产及生活条件不完善，脱贫任务较为艰巨。2016 年，扶贫重点县的贫困人口为 2 219 万，贫困发生率 10.5%。扶贫重点县的贫困人口的绝对数量较贫困地区少，但是贫困发生率更高，意味着扶贫重点县的贫困状况更为复杂，贫困现象更为普遍。

历年《中国农村贫困监测报告》数据显示，1997 年以来，592 个扶贫重点县的农村居民人均纯收入[①]由 1 237.1 元增加到 2016 年的 8 355 元，年均增长率为 10.6%。在四类收入来源中，1997 年 1 237.1 元的人均纯收入中，经营净收入占比最高，达到 74.7%，是主要的收入来源，转移净收入 10.7 元，占比仅为 0.9%。到 2016 年，经营净收入达到 3 385 元，远高于 1997 年 924.2 元，但比重下降为 40.5%，不到人均可支配收入的一半，转移净收入提高到 2 070 元，是 1997 年的 193 倍，占人均可支配收入比重达到 24.8%（见表 4-2）。随着国家强农惠农政策力度的不断加大，转移

① 由于统计口径变化，自 2014 年开始收入指标由人均纯收入变更为人均可支配收入。本书此项数据均如此，不再一一赘述。

净收入已经成为农村居民人均可支配收入的一个重要来源之一。

表 4-2　　扶贫重点县历年农村居民人均纯收入

年份	人均纯收入（元）	工资性收入(元)	占比(%)	经营净收入(元)	占比(%)	财产净收入(元)	占比(%)	转移净收入(元)	占比(%)
1997	1 237.1	265.9	21.5	924.2	74.7	36.4	2.9	10.7	0.9
1998	1 317.6	278.7	21.2	985.3	74.8	37.5	2.9	16.1	1.2
1999	1 346.9	338.6	25.1	963.7	71.6	27.9	2.1	16.7	1.2
2000	1 337.8	383.9	28.7	914.6	68.3	23.6	1.8	15.8	1.2
2001	1 277.0	382.2	29.9	848.3	66.4	27.5	2.2	19.1	1.5
2002	1 305.2	435.5	33.3	796.0	61.0	61.2	4.7	12.5	1.0
2003	1 406.3	451.4	32.1	865.1	61.5	63.3	4.5	26.5	1.9
2004	1 585.3	489.4	30.9	997.2	62.9	70.2	4.4	28.5	1.8
2005	1 725.6	560.8	32.5	1 042.6	60.4	28.1	1.6	94.1	5.5
2006	1 928.4	644.2	33.4	1 144.0	59.3	31.8	1.7	108.2	5.6
2007	2 278.0	783.6	34.4	1 306.0	57.3	52.0	2.3	136.3	6.0
2008	2 610.8	887.7	34.0	1 467.0	56.2	42.1	1.6	214.0	8.2
2009	2 842.1	1 011.2	35.6	1 522.4	53.6	40.4	1.4	268.0	9.4
2010	3 272.8	1 168.5	35.7	1 756.2	53.7	55.8	1.7	292.3	8.9
2014	6 717.0	2 175.0	32.4	2 944.0	43.8	81.0	1.2	1 517.0	22.6
2015	7 543.0	2 480.0	32.9	3 212.0	42.6	89.0	1.2	1 761.0	23.3
2016	8 355.0	2 797.0	33.5	3 385.0	40.5	103.0	1.2	2 070.0	24.8

资料来源：历年《中国农村贫困监测报告》。

表 4-2 的数据表明，扶贫重点县的农户收入以经营净收入和工资性收入为主，其中经营净收入比重逐渐下降，而工资性收入比重稳步提高。近些年贫困县农户的转移净收入大幅度的提高，这与国家对扶贫工作的重视及巨大投入密不可分。财产净收入在农户收入来源中较为稳定，占比较低。

下面进一步分析扶贫重点县农户收入的变化情况。通过与同期全国农村居民人均纯收入的比较，可以发现扶贫重点县农村居民人均纯收入占全国农村居民人均纯收入的比重整体呈现稳步上升的趋势，这表明扶贫重点县农户与全国农户的收入差距在逐渐缩小，一定程度上也说明了中国的扶贫工作成效显著。2000 年之前，扶贫重点县的农村居民人均纯收入占全国农村居民人均纯收入的比重稳定在 59%以上，说明扶贫重点县农村居民收入与全国差距并没有拉大。但是到 2002 年，这一比重下降到 52.7%，表明这几年的收入差距在逐渐拉大。2002 年之后，由于国家所采取的各项措施，贫困县农村居民人均纯收入占全国农村居民人均纯收入比重不断提高，到 2016 年，这一比重提高到 67.6%，远超 1998 年与 1999 年的 60.9%的历史高点（见表 4-3）。1997 年到 2016 年，全国农村居民人均纯收入年均增长 9.8%，扶贫重点县农村居民人均纯收入年均增长 10.6%，增速显著高于全国农村居民人均纯收入增速，两者收入差距逐步缩小。由于扶贫重点县各方面条件较为落后，经济发展的基础较差，能取得这一成绩相当不容易，中国的扶贫工作付出了极大努力。

表 4-3　　全国与扶贫重点县历年农村居民人均纯收入对比

年份	全国农村居民人均纯收入（元）	扶贫重点县农村居民人均纯收入（元）	扶贫重点县农村居民人均纯收入占全国的比重（%）
1997	2 090.1	1 237.1	59.2
1998	2 162.0	1 317.6	60.9
1999	2 210.3	1 346.9	60.9
2000	2 253.4	1 337.8	59.4
2001	2 366.4	1 277.0	54.0
2002	2 475.6	1 305.2	52.7
2003	2 622.2	1 406.3	53.6
2004	2 936.4	1 585.3	54.0
2005	3 254.9	1 725.6	53.0
2006	3 587.0	1 928.4	53.8
2007	4 140.4	2 278.0	55.0
2008	4 760.6	2 610.8	54.8
2009	5 153.2	2 842.1	55.2
2010	5 919.0	3 272.8	55.3
2014	10 488.9	6 717	64.0
2015	11 422	7 543	66.0
2016	12 363	8 355	67.6

资料来源：历年《中国统计年鉴》与《中国农村贫困监测报告》。

除了在收入方面取得显著成效，扶贫重点县的基础设施也明显改善。2002 年以来，通电自然村比重由 92.8%提高到 2015 年的 99.7%，只有极少数的自然村因地理位置等自然因素尚未通电。通电话的自然村比重也在快速提高，2002 年能通电话的自然村仅有 52.6%，经过 10 多年的努力，2015 年这一数据已经达到 97.7%，绝大多数自然村都能够通过电话对外联系。通公路的自然村比重也由 2002 年的 72.2%提高到 2010 年的 88.1%，因统计口径变化，近几年这一数据缺失，整体而言，目前也只有极少数的自然村不通公路。2010 年超过 95%的自然村内的农户可以接收电视节目，了解外界信息，丰富娱乐活动。在公共服务方面，由于乡村人口减少，撤点并校等因素的影响，扶贫重点县有幼儿园和学前班的村比重稳定在 50%左右。而有卫生室的村比重得到了显著提高。2002 年只有不到 70%的村有卫生室，到 2014 年，这一比重增加到 94.5%，扶贫重点县内绝大多数农户都可以足不出村解决日常小病看病问题，极大方便了农户的生活（见表 4－4）。

表 4－4　　扶贫重点县历年基础设施情况

年份	通电自然村比重（%）	通电话自然村比重（%）	通公路自然村比重（%）	能接收电视节目的自然村比重（%）	有幼儿园/学前班的村比重（%）	有卫生室的村比重（%）
2002	92.8	52.6	72.2	83.7	51.3	68.6
2003	93.9	59.3	75.0	86.5	54.1	70.2
2004	95.1	64.6	77.6	87.8	55.4	72.9
2005	95.9	74.0	79.0	87.8	55.0	73.5
2006	96.0	80.2	81.2	89.3	53.5	74.0
2007	96.5	85.2	82.8	92.2	54.3	75.6
2008	96.8	87.5	84.4	92.9	55.2	77.4
2009	98.0	91.2	86.9	94.5		79.6
2010	98.0	92.9	88.1	95.6		81.5
2012	98.8	93.2			44.2	87.1
2013	99.3	93.1			50.7	92.9
2014	99.5	95.0			54.7	94.5
2015	99.7	97.7				

注：部分数据因统计口径变化不再收集或尚未公布而导致缺失。
资料来源：历年《中国农村贫困监测报告》。

在农村居民的日常生活方面，住房和耐用消费品也得到了快速发展。农村居民的人均住房面积不断增加，由 2002 年的人均 20.1 平方米提高到 2010 年的 24.9 平方米，住房条件得到显著改善。同时，越来越多的农户开始用上冰箱、彩电及手机电话等耐用消费品，大大提高了农村居民的生活便利度。2002 年，每百户农户中只有 4.8 户能够拥有冰箱、冰柜，到 2016 年这一数字提高到 74.8，近七成的农户开始用上了冰箱。2003 年，彩色电视机的农户使用比重仅为 47.2%，到 2010 年，近 95%的农户家庭都能看上彩色电视机。固定电话和移动电话的消费出现井喷式发展，2002 年只有 21.2%的农户能够用上电话手机，但是到 2016 年，每百户农户中拥有的电话手机达到 223 部，这意味着平均每户家庭拥有的手机达到 2.2 部（见表 4－5）。

表 4－5　扶贫重点县农户历年住房与耐用消费品情况

年份	冰箱、冰柜（台/百户）	彩色电视机（台/百户）	固定电话和移动电话（部/百户）	住房面积（平方米/人）
2002	4.8		21.2	20.1
2003	5.4	47.2	28.1	20.5
2004	6.2	52.8	35.9	21.1
2005	7.5	65.3	54.5	22.0
2006	9.2	74.5	70.5	22.5
2007	11.4	81.2	86.3	23.1
2008	14.1	85.5	99.9	23.6
2009	18.6	90.0	114.6	24.4
2010	23.8	94.8	128.4	24.9
2012	47.0		159.7	
2013	54.4		172.1	
2014	60.5		193.0	
2015	67.5		207.0	
2016	74.8		223.4	

注：部分数据因统计口径变化不再收集或尚未公布而导致缺失。
资料来源：历年《中国农村贫困监测报告》。

（三）农村贫困人口脱贫

由于在贫困地区与扶贫重点县的范围内，除农村贫困人口外，还存在大量的农村非贫困人口，所以对贫困地区和扶贫重点县进行分析，虽然在较大程度上反映中国扶贫工作的成效，但是尚未完全聚焦于生活在农村的扶贫对象上。因此，在介绍贫困地区与扶贫重点县内农民的相关情况后，需要进一步将分析对象瞄准农村贫困人口，这部分群体是扶贫工作的直接扶持对象，对这部分群体的分析有助于与贫困地区及扶贫重点县内农户生活进行比较，进一步全面展现中国的扶贫开发成效。

在收入方面，中国贫困人口收入增加明显，已接近国家贫困标准。在结构方面，转移净收入偏高，工资性收入偏低。当前中国的贫困标准为每年每人 2 300 元（2010 年不变价），考虑物价指数因素，2014 年中国的贫困标准为年人均收入 2 800 元。2014 年，全国农村贫困人口的人均可支配收入为 2 561 元，分别是全国农村居民人均可支配收入和全国扶贫重点县农村居民人均可支配收入的 24.4%和 38.1%，仅略低于中国 2 800 元的贫困标准（见表 4－6）。由于 2014 年后，城乡居民收入均以人均可支配收入统一计算，因此，这里的收入不再是人均纯收入而是人均可支配收入，但两者在数字上较为接近。在工资性收入、经营净收入、财产净收入和转移净收入四类收入来源中，相较于全国和扶贫重点县农村居民收入，全国农村贫困人口的收入中工资性收入在三者中比重最低，转移净收入最高。这也符合贫困人口缺乏务工机会与能力，能获得政府更多转移收入的现实情况。

表 4－6　2014 年全国、扶贫重点县农村居民及全国农村贫困人口人均可支配收入对比

	人均可支配收入(元)	工资性收入(元)	占比(%)	经营净收入	占比(%)	财产净收入	占比(%)	转移净收入	占比(%)
全国农村居民	10 489	4 152	39.6	4 237	40.4	222	2.1	1 877	17.9
扶贫重点县农村居民	6 717	2 175	32.4	2 944	43.8	81	1.2	1 517	22.6
全国农村贫困人口	2 561	822	32.1	1 060	41.4	39	1.5	641	25.0

资料来源：国家统计局．中国统计年鉴 2015．北京：中国统计出版社，2015；国家统计局住户调查办公室．中国农村贫困监测报告 2015．北京：中国统计出版社，2015．

在耐用消费品方面，贫困人口虽不及全国水平，但是部分耐用消费品的保有量较大。由图 4－1 和表 4－7 可以看出，虽然贫困人口在各类耐用消费品的每百户拥有量上都落后于全国农村的平均水平，但是在一些生活必需品上，两者的差距并不大，且贫困人口的平均占有量绝对数也已较高。例如：作为重要交通工具的摩托车，全国农村每百人占有量为 67.6 辆，贫困人口是 46.3 辆，差距只有 1/3。彩电是农户主要的娱乐工具，全国农村为每百户拥有 115.6 台，农村贫困人口每百户拥有 99.9 台，仅比全国水平低了不到 16 台，贫困农户几乎都能看上彩电。作为对外联系的主要媒介，移动电话的保有量也能说明问题。全国水平为每百户拥有 215 部移动电话，而贫困农户也能实现每百户拥有 170.2 部的水平，户均 1.72 部移动电话①。这些数据说明，虽然其他享受性的耐用消费品普通农户与全国水平差距明显，但是生活必需的耐用消费品，贫困农户的消费情况与全国水平较为接近，绝对数字达到较高水平，贫困人口的生活水平较以往有显著提高。

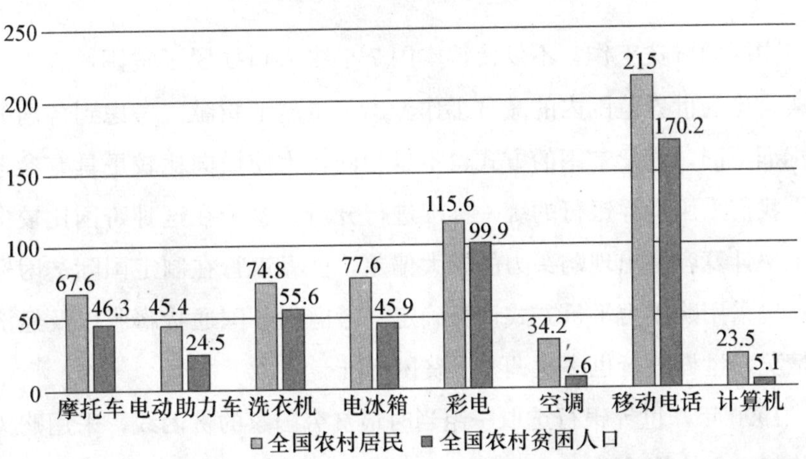

图 4-1　2014 年全国农村贫困人口与全国农村居民每百户耐用消费品保有量比较

为全面展现中国的扶贫成效，上文分别从贫困地区农户、扶贫重点县农户及农村贫困人口三个层面进行了分析，从三者之间的相互关系来看，具有一定的逻辑性。由宏观到具体，贫困程度越来越深，贫困现象越来越普遍，三者之间的比较分析，有助于从不同层面把握中国扶贫工作的成效。

① 国家统计局住户调查办公室．中国农村贫困监测报告 2015．北京：中国统计出版社，2015.

表 4-7 2014 年全国、贫困地区及扶贫重点县农村居民与全国贫困人口比较

	贫困人口（万）	贫困发生率（%）	人均可支配收入（元）	人均消费支出（元）	移动电话（部/百户）	电冰箱（台/百户）
全国农村居民	7017.0	7.2	10 489.0	8 383.0	215.0	77.6
贫困地区农村居民	4 317.0	16.6	6 852.0	6 007.0	194.8	60.9
扶贫重点县农村居民	3 649.0	17.5	6 717.0	5 962.0	193.0	60.5
全国贫困人口			2 561.0	2 527.0	170.2	45.9

资料来源：国家统计局住户调查办公室. 中国农村贫困监测报告 2015. 北京：中国统计出版社，2015.

二、中国减贫的国际贡献

中国的减贫工作，不仅使得本国 7 亿多人口摆脱了贫困，逐步走向小康，也为世界范围内的减贫工作做出了卓越的贡献。考虑到各国的贫困标准不同，衡量贫困的方式也不尽相同，为使横向比较更具有参考价值，我们采用世界银行的统一标准进行分析。鉴于在这种跨国比较中按照汇率计算容易出现购买力的较大偏差，世界银行在制定国际贫困标准时，均采用购买力平价方式计算确定。考虑到各国通货膨胀以及经济发展情况，世界银行也多次调整了贫困标准。

1990 年，世界银行选取一组当时最贫穷国家的贫困线，采用购买力平价将它们换算成美元，通过计算出平均值将贫困线设定在人日均 1 美元左右。2005 年，世界银行进行了新一轮更大规模的国际可比性价格数据收集，并根据新的购买力平价数据和当时 15 个最贫穷国家贫困线的平均值，将国际贫困线上调到人日均 1.25 美元。2015 年 10 月，世界银行再次宣布，按照购买力平价计算，国际贫困标准从此前的一人一天 1.25 美元上调至 1.9 美元[①]。

① http://news.ifeng.com/a/20151005/44784362_0.shtml.

在减贫人口方面，根据表 4－8 可以发现，若按照最新的每人每天 1.9 美元标准计算，自 1981 年以来，全球范围内贫困人口由 199 728 万下降到 2012 年的 89 670 万，贫困人口减少了 110 058 万。其中，中国的贫困人口从 87 780 万下降到 8 734 万，减少了 79 046 万，占全球同期减贫人口的 71.8%。这意味着，从 1981 年到 2012 年，全球范围内的每 100 个脱贫人口中就有近 72 个来自中国，中国对世界的减贫工作贡献率超过了 70%。

在贫困发生率方面，按照每人每天 1.9 美元的标准计算，1981 年，全球范围内的贫困发生率为 44.3%，同期中国的贫困发生率高达 88.3%，是世界水平的近 2 倍。但是随着中国大规模减贫工作的开展，中国的贫困发生率迅速下降，到 2012 年，中国的贫困发生率降到 6.5%，比 1981 年降低了 81.8 个百分点，中国彻底摆脱了 30 年前普遍贫穷的状态。而 2012 年，世界范围内的贫困发生率为 12.7%，约为中国的 2 倍。从 1981 年到 2012 年，同样的 2 倍关系，凸显的是中国在此期间所取得的巨大发展成就及为减贫事业所付出的不懈努力（见表 4－8）。

表 4－8　　全球及中国贫困情况

年份	全球		中国	
	每人每天 1.9 美元		每人每天 1.9 美元	
	贫困人口（万）	贫困发生率（%）	贫困人口（万）	贫困发生率（%）
1981	199 728	44.3	87 780	88.3
1990	195 857	37.1	75 581	66.6
1999	175 145	29.1	50 786	40.5
2002	164 960		40 910	
2005	140 640		24 440	
2008	126 040		19 410	
2010	111 975	16.3	14 956	11.2
2011	98 333	14.1	10 644	7.9
2012	89 670	12.7	8 734	6.5

资料来源：世界银行官方网站；国家统计局住户调查办公室．中国农村贫困监测报告 2015．北京：中国统计出版社，2015．

将世界按区域进行细分，可以对比中国与世界各个地区之间的脱贫成效。当以每人每天 1.25 美元的标准进行贫困衡量时，1990 年，中国的贫困发生率与世界各地区比较都是最高的，甚至高于撒哈拉以南非洲地区。超过 60%的中国人处于贫困状态，远高于作为全球平均水平的 36.4%，也高于发展中国家 43.4%的平均水平。而当以每人每天 2 美元的贫困标准进行衡量时，中国的贫困状况依然是最严重的，有超过八成的中国人陷于贫穷。但是到 2011 年，中国的贫困发生率迅速下降，在每人每天 1.25 美元的标准下，中国的贫困发生率仅有 6.3%，在世界各地区的比较中仅高于欧洲和中亚、中东北非及拉美加勒比海地区，排名第四。同样，在每人每天 2 美元的标准下，中国的贫困发生率也略高于上述三个地区，排名第四，贫困发生率为 18.6%，中国的扶贫取得了显著成效（见表 4-9）。

表 4-9　　全球及发展中国家贫困人口比重　　(%)

地区类型	每人每天 1.25 美元		每人每天 2 美元	
	1990 年	2011 年	1990 年	2011 年
亚太	57.0	7.9	81.5	22.7
欧洲和中亚	1.5	0.5	6.3	2.2
拉美加勒比海	12.2	4.6	22.6	9.3
中东北非	5.8	1.7	23.8	11.6
南亚	54.1	24.5	83.7	60.2
撒哈拉以南	56.6	46.8	76.0	69.5
发展中国家合计	43.4	17.0	64.8	36.2
全球合计	36.4	14.5	—	—
中国	60.7	6.3	85.0	18.6

资料来源：世界银行官方网站；国家统计局住户调查办公室．中国农村贫困监测报告 2015．北京：中国统计出版社，2015.

三、中国大规模减贫的推动因素

中国的大规模减贫之所以取得显著成效，原因是多方面的。中国国民经济的快速发展、国家对减贫工作的巨额投入、各项扶贫工作制度创新、各类行之有效的扶贫措施、广泛的社会参与和减贫的国际合作等，共同致力于推动中国的大规模减贫运动。

（一）国民经济的快速发展，是中国大规模减贫的前提

根据学界研究，经济增长对减贫的作用主要表现在两个方面：第一，经济发展为贫困人口提供了更多和更好的就业和创收机会；第二，经济发展带来了政府财政收入的增加，使政府更有能力去帮助贫困人口①。

2013 年 10 月 21 日，国务院总理李克强在中国工会第十六次全国代表大会上所做的经济形势报告中指出，过去中国 GDP 每增长 1 个百分点，就会拉动大约 100 万人就业。经过这几年经济结构的调整，尤其是随着服务业的加快发展，目前 GDP 增长 1 个百分点，大概能够拉动 130 万，甚至 150 万人就业。改革开放以来，中国的年均经济增长率在 9%左右，这意味着经济的快速增长，能够带来至少 1 000 万的就业岗位。这些就业岗位在一定程度上为贫困人口所享有，为贫困人口带来经济收入，助力贫困人口脱贫致富。

受益于中国经济的持续快速增长，中国的财政收支金额也获得了显著的提高。1980 年，中国的一般公共预算收入仅为 1 159.93 亿元，一般公共预算支出 1 228.83 亿元②。到 2016 年，一般公共预算收入达到 159 552 亿元，一般公共预算支出为 187 841 亿元③。

同时，在发展理论中，部分学者认为在市场机制的调解下，经济增长的收益自动地流向低收入阶层，这一现象即为经济增长的“涓流效应”。根据经济增长的“涓流效应”，可以进一步推出，在市场分配机制相同时，当经济增长越快，带来的经济效益越多，低收入阶层获得的收益就越多，脱贫致富的人口也就越多。按照这一推论，当经济增长的速

① 汪三贵．在发展中战胜贫困：对中国 30 年大规模减贫经验的总结与评价．管理世界，2008（11）：78-88．

② 国家统计局．中国统计年鉴 2015．北京：中国统计出版社，2015．

③ 国家统计局．中国统计年鉴 2016．北京：中国统计出版社，2016．

度越快，脱贫的人口越多，脱贫成效也越显著。图 4-2 反映了 1981—2007 年中国的 GDP 增速与减贫人口数量之间的关系。之所以缺乏近些年的减贫数据，原因在于 2008 年以来，中国的贫困标准经过了数次调整，现有的贫困人口都是根据新标准核算，原贫困标准下的贫困人口数据缺乏，如采用新标准核算的贫困人口，将使不同年份间的减贫人口缺乏可比较性。

根据图 4-2 可以发现，中国的 GDP 增速与减贫人口之间整体上存在正相关性。当中国的 GDP 增速较快时，减贫的人口也较多，当 GDP 增速下降时，减贫人口的数量也较少。如 1992 年，经济增速较高，减贫人口的绝对数也较大，1986 年的经济增速相对较低，减贫人口的绝对数也较小。后期之所以减贫人口变化幅度不大，是因为在原标准下中国的贫困人口绝对数量已经不多，如 2007 年的绝对贫困人口在原标准下，只有 1 479 万，因此相对于前期而言减贫数量也不大。

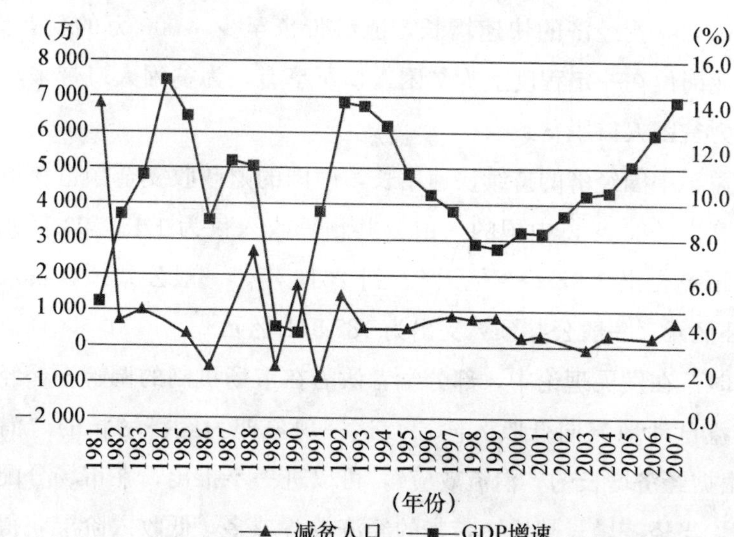

图 4-2 1981—2007 年中国 GDP 增速与减贫人口

数据来源：历年《中国统计年鉴》和《中国农村贫困监测报告》。

此外，中国经济的快速发展，除了会因“涓流效应”为贫困人口带来收益帮助其脱贫外，还能使国家有充分的扶贫资金投入减贫工作中。如果政府因经济增速放缓而缺乏足够的财政收入，将会直接导致扶贫资金投入的不足，在当前中国以政府为主导的扶贫格局中，这一现象将会直接导致减贫工作停滞不前。因此，国民经济的快速发展是中国大规模减贫的前提。

（二）中国对减贫工作的高度重视与持续的巨额投入，是中国大规模减贫的重要保证

国家对扶贫工作的高度重视，是中国扶贫成效的政治保证。虽然“涓流效应”揭示了在市场机制的调节下，经济增长带来的效益会自动流向低收入阶层。但是没有政府的干预，经济增长往往会导致贫富差距进一步扩大。而且有研究表明，只是单纯的经济增长，而增长过程缺乏广泛的受益性与参与性，也会导致经济增长减贫效应的减弱，甚至会增加贫困[①]。这些都要求，在经济增长的前提下，政府对扶贫工作需要高度重视与积极干预，以避免贫富差距的扩大，推动贫困人口的脱贫致富。中国政府高度重视扶贫工作，对贫困地区大量的资金投入以及各项扶贫制度创新都是中国政府高度重视扶贫工作的具体体现。

在精准扶贫的战略要求下，国家对扶贫工作的重视到了极高的程度。在 2015 年中央扶贫开发工作会议期间，中央与中西部 22 个省（区、市）党政主要负责同志签署脱贫攻坚责任书，会后出台《中共中央　国务院关于打赢脱贫攻坚战的决定》，相关各省、市、县也层层签署脱贫责任书，如不能完成脱贫任务党政主要领导将被问责。对于尚未脱贫的贫困县，党政主要领导在实现脱贫摘帽前不能调岗。这些具体的举措，都表明了国家对扶贫工作的高度重视，为顺利实现 2020 年前整体脱贫提供了重要的政治保障。

要改变广泛存在的贫困状况，首先需要进行大规模的资金投入。从中央一级的扶贫资金投入状况来看，每年的财政专项资金投入从 1980 年的 8 亿元增加到 2017 年的 861 亿元，增长趋势十分明显，累计投入

① 陈立中，张建华．经济增长、收入分配与减贫进程间的动态联系：来自中国农村的经验分析．中国人口科学，2007（1）：53-96．

的财政专项扶贫资金达到5 559.94亿元。除了财政专项资金投入，扶贫贷款的发放也在快速增加，尤其是2008年全面改革扶贫贷款管理制度后，贷款金额增长势头更加迅猛。1984年扶贫贷款计划及实际发放数仅为13亿元，到2013年，扶贫贷款的实际发放达到839.1亿元，累计实际发放的扶贫贷款金额达到4 743.67亿元（见表4－10）。

表4－10　　中央扶贫资金历年投入情况

年份	中央财政专项扶贫资金合计（亿元）	扶贫贷款计划发放（亿元）	扶贫贷款实际发放（亿元）
1980	8		
1981	8		
1982	8		
1983	10		
1984	10	13	13
1985	19	13	13
1986	19	23	23
1987	19	23	23
1988	10	30.5	30.5
1989	11	30.5	30.5
1990	16	30.5	30.5
1991	28	35.5	35.5
1992	26.6	41	41
1993	41.2	35	35
1994	52.35	45.5	45.5
1995	53	45.5	45.5
1996	53	55	55
1997	68.15	85	85
1998	73.15	100	100
1999	78.15	150	150
2000	88.15	150	150
2001	100.02	185	185
2002	106.02	185	185
2003	114.02	185	185

续前表

年份	中央财政专项扶贫资金合计（亿元）	扶贫贷款计划发放（亿元）	扶贫贷款实际发放（亿元）
2004	122.01	185	185
2005	129.93	90	90
2006	137.01	141.61	141.61
2007	144.04	124.48	124.48
2008	167.34	141.33	214.32
2009	197.3	141.33	259.96
2010	222.68	141.33	436.3
2011	272	143.62	453.9
2012	332.05	143.62	538
2013	394	143.62	839.1
2014	432.87		
2015	460.9		
2016	661		
2017	861		
总计	5 559.94	2 856.94	4 743.67

注：1. 财政专项扶贫资金中，2000 年以前的数据不含扶贫贷款贴息资金、国有贫困农场、国有贫困林场资金等专项资金，2001 年后包含上述资金。

2. 2008 年前，扶贫贷款实际发放数均为计划数。2008 年全面改革扶贫贷款管理体制后，将扶贫贷款及贴息资金管理权限下放到省（区），各省（区）可视扶贫贴息贷款需求，从中央和省级财政扶贫资金中安排贴息资金，引导承办银行扩大扶贫贴息贷款投放，发放额度大幅度增加，因此增设“扶贫贷款实际发放”一栏。

资料来源：2014 年及之前年份数据来自《中国扶贫开发年鉴 2015》，2015 年之后的数据来自 http://www.gov.cn/xinwen/2015－07/21/content_2900169.htm；http://www.gov.cn/xinwen/2016－07/19/content_5092732.htm；http://www.gov.cn/xinwen/2017－08/30/content_5221384.htm。

需要注意的是，虽然中央财政专项扶贫资金稳步增长，扶贫贷款金额也在快速增加，但是并不意味着这些是全部的扶贫资金。以 2016 年贫困地区扶贫资金来源为例，在总额为 2 958.6 亿元的扶贫资金中，中央财政专项扶贫资金为 627.6 亿元，占比为 21.2%；中央扶贫贴息贷款累计发放 556.7 亿元，占比 18.8%；中央专项退耕还林还草工程补贴 107.9 亿元，占比为 3.6%；中央拨付的低保资金总额为 378.0 亿元，占比 12.8%；省级财政扶贫资金为 259.7 亿元，占比 8.8%；国际扶贫资金占比 0.1%，金额为 3.2 亿元；其他资金占比为 34.7%，金额达到 1 025.5 亿元（见图 4－3）。如果按照 2016 年中央财政专项扶贫资金占贫困地区扶贫资金总额 21.2%的比例计算，1980 年以来的各项扶贫资金总和在 1 万亿元以上。巨额的财政资金投入，是中国取得大规模减贫成效的重要资金保障。

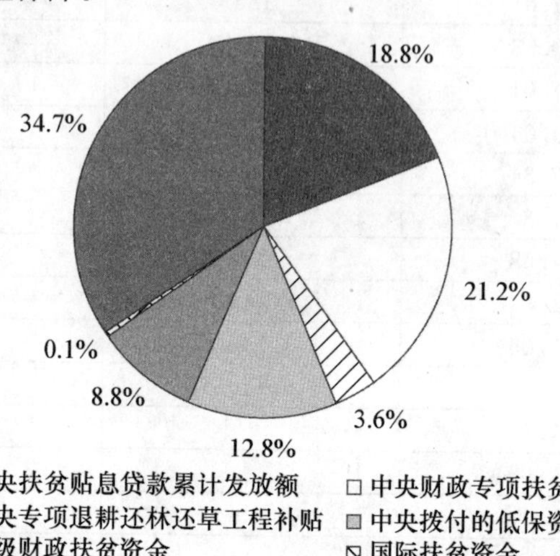

图 4-3　2016 年贫困地区扶贫资金来源

资料来源：国家统计局住户调查办公室．中国农村贫困监测报告 2017．北京：中国统计出版社，2017.

（三）各项扶贫工作制度创新，是中国大规模减贫的制度保障

除了巨额的资金投入外，各种扶贫制度创新也为加快脱贫攻坚提供了制度保障。其中具有代表性的是中央有关部门的定点扶贫以及东西部地区的扶贫协作制度。

定点扶贫是中国特色扶贫开发事业的重要组成部分。中央、国家机关和有关单位通过定点帮扶的形式直接帮扶国家扶贫开发工作重点县，2012 年开始已经实现对国家扶贫开发工作重点县的全覆盖。无论是参与单位数、帮扶重点县数，还是挂职干部人数、赴定点县考察人次、资金情况、培训情况和资助贫困学生情况，整体都呈现稳步上升趋势。2002—2014 年，通过定点帮扶这一形式，中央、国家机关和有关单位的累计挂职干部超过 5 229 人，赴定点县考察超过 66 950 人次，直接投入及引进资金超过 900 亿元，累计培训超过 214 万人次，资助贫困学生超

过 51 万人。2015 年，国务院扶贫办会同各牵头组织部门，按照“同一类单位定点扶贫任务相对均衡、分类考核”的总体原则，对定点扶贫结对关系进行了局部调整。新增 22 个单位参加定点扶贫；部分单位参加地方组织的扶贫工作，调出帮扶单位序列。调整后，参与定点扶贫的中央、国家机关和有关单位共 320 个，帮扶全国 592 个国家扶贫开发工作重点县（见表 4-11）。

表 4-11　　中央、国家机关和有关单位定点扶贫情况统计

年份	参与单位（个）	帮扶重点县（个）	挂职干部（人）	赴定点县考察（人次）	本单位直接投入（万元）	引进各类资金（万元）	培训情况（人次）	资助贫困学生（人）
2002	272	481	298	1 774	84 583	129 602	102 123	31 227
2003	272	481	487	4 741	70 104	313 386	188 623	41 086
2004	272	481	564	5 296	70 821	184 342	192 882	48 538
2005	272	481	349	4 317	84 754	157 265	109 436	34 137
2006	272	481	396	4 925	66 415	674 861	203 670	34 313
2007	272	481	299	5 799	121 289	672 297	188 601	28 794
2008	272	481	361	4 921	152 257	332 985	247 694	32 199
2009	272	481	390	5 942	110 359	310 662	251 963	27 102
2010	272	481	415	6 552	148 381	615 157	199 064	36 554
2011	247	447	404	6 873	153 734	505 486	148 907	21 211
2012	310	592	357	3 695	190 230	903 387	96 321	39 988
2013	310	592	451	6 162	208 217	538 539	115 770	64 496
2014	310	592	458	5 953	302 704	2 186 918	104 788	74 458
2015	320	592						
合计			5 229	66 950	1 763 848	7 524 887	2 149 842	5 14 103

资料来源：《中国扶贫开发年鉴》编委会. 中国扶贫开发年鉴 2015. 北京：团结出版社，2015；国务院扶贫办网站.

在东西部扶贫协作方面，国家探索建立了东部发达省市对口帮扶西部落后地区的制度。1996 年 2 月，中央安排北京、天津、辽宁、上海、江苏、浙江、福建、山东、广东等东部 9 省（市）和深圳、宁波、青岛、大连 4 个计划单列市对口帮扶西部 10 个省（区、市），东西部扶贫协作制度正式建立。2010 年 6 月，经国务院批准，国务院扶贫办对浙江、四川、天津、甘肃、辽宁、青海、上海、云南、山东、重庆、新疆、厦门、珠海等 13 个省（区、市）的东西部扶贫协作关系进行了调整。经过几次调整和变动，东西部扶贫协作已形成9省（市）、5个计划单列市和4个大城市对口帮扶西部10个省（区、市）的工作格局。在当前扶贫阶段，中央更加注重东西部扶贫协作制度的作用，加快西部地区的脱贫步伐。截至2016年，东部共有260个县市与西部287县（市）结成帮扶对子，东西部扶贫协作双方根据优势互补、互利互惠、长期合作、共同发展的原则，主要在政府援助、企业协作、社会帮扶、产业发展、干部交流、人才培训和劳务输出等方面开展了多层次、多形式的扶贫协作。20年来，东部省（市）向西部10个省（区、市）共提供财政援助132.7亿元，动员社会力量捐助款物27.6亿元，引导企业实际投资1.5万亿元，帮助修建农村公路2.15万公里，援建卫生院（所）1 690个，援建学校7 325所，资助贫困学生42.6万名①。

（四）切实可行、符合实际的各项扶贫措施，是中国大规模减贫的直接推动因素

虽然国家对扶贫工作高度重视，进行了相应的制度安排，投入了巨额资金，但要使这些扶贫资源真正转换成为促进贫困人口脱贫致富的推动力，还需要针对贫困人口的致贫原因，实施各项符合其需求的扶贫举措。

在精准扶贫的基本方略下，针对致贫原因错综复杂的现实情况，当前中国精准扶贫和精准脱贫的基本要求与主要途径可以总结为“六个精准”和“五个一批”②。“六个精准”是指“扶持对象精准、项目安排精准、资金使用精准、措施到户精准、因村派人精准、脱贫成效精准”。

---

① 兄弟携手 共奔全面小康：全国东西扶贫协作工作20年综述．（2016-07-20）．http://finance.people.com.cn/n1/2016/0720/c1004-28567815.html；山海携手 共谋小康：全国东西扶贫协作成就综述．（2016-07-19）．http://news.xinhuanet.com/2016-07/19/c_1119245355.htm.

② 国务院新闻办公室举行“十三五”脱贫攻坚工作有关情况新闻发布会．（2015-12-15）．http://www.scio.gov.cn/xwfbh/xwbfbh/wqfbh/2015/33909/zy33913/Document/1459277/1459277.htm.

“五个一批”为“发展生产脱贫一批、易地搬迁脱贫一批、生态补偿脱贫一批、发展教育脱贫一批、社会保障兜底一批”。实质上，“五个一批”基本涵盖了中国贫困人口的主要致贫原因，也明确了其具体的脱贫手段。

实际上，在“六个精准”和“五个一批”正式提出前，中国扶贫资金的使用就主要聚焦于这些层面。《中国农村贫困监测报告2017》的数据显示，中国的扶贫资金投向多种多样，既包括传统的基础设施建设，也包括产业发展、教育培训、社会服务等多个方面。2016年，贫困地区的2 958.6亿元县级扶贫资金按照投向来看，主要投入易地扶贫搬迁、村通公路、农业、农村中小学建设和农村危房改造等方面（见图4-4）。这些领域都直接针对贫困人口的现实需求，关乎贫困人口的生计，贫困地区这些基础条件的改善将显著优化贫困人口的发展条件，帮助其尽快脱贫致富。

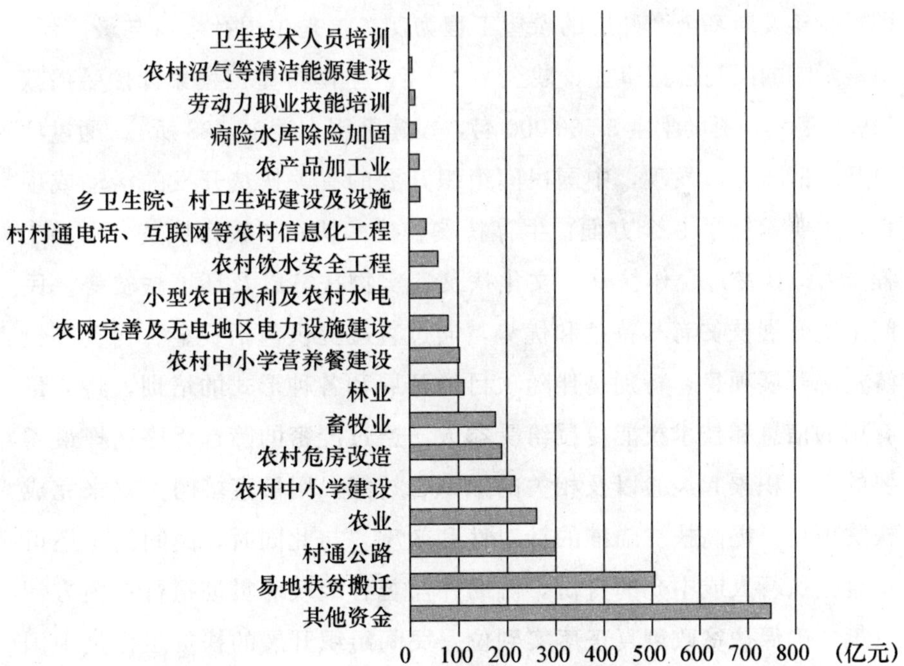

图4-4　2016年贫困地区县级扶贫资金投向

资料来源：国家统计局住户调查办公室．中国农村贫困监测报告2017．北京：中国统计出版社，2017.

（五）广泛的社会参与，是中国大规模减贫的重要补充力量

在中国，非政府组织由各级民政部门下属的民间组织管理局管理，因此，习惯上把非政府组织也称为民间组织，而社会组织又是民间组织的另一个说法，包括社会团体、民办非企业单位和基金会。这里的社会参与，是指社会组织和企业参与到社会扶贫之中，不包括定点扶贫、东西部扶贫协作等形式。政府虽然是中国大规模减贫的主导力量，但是政府的扶贫攻坚具有不足性，如扶贫资金使用效率偏低、瞄准对象还不完全精准等。社会组织可以吸收社会闲散资金，提高资金的使用效率，对政府力量不能完全覆盖的区域进行补位，加快脱贫攻坚进程。

表 4－12 中为中国民间组织开展的主要扶贫工程概况，主要涉及贫困人口的教育、产业、医疗、移民搬迁、社会保障等各个方面[①]。以中国青少年发展基金会开展的希望工程为例，这是中国社会参与最广泛、最富影响的民间公益事业。截至 2016 年，全国希望工程累计接受捐款 129.5 亿元，资助学生 5 536 000 名，援建希望小学 19 388 所[②]。通过项目开展情况可以发现，中国民间组织开展的有关扶贫开发的活动或项目，主要囊括了 9 个方面：生存扶贫、技术扶贫、教育扶贫、幸福工程、人口扶贫、合作扶贫、文化扶贫、实物扶贫以及环境扶贫等。民间组织开展扶贫有其特色和优势，通过直接提供包括资金、物资等经济资源开展项目，特别是伴随项目的开展和各种形式的培训，将大量有用的信息和技术技能传授给受益人、通过严密的筛选程序选择最需要的人，积累起经验以及相关的知识、技能，用最直接的方式来完成扶贫项目，提高扶贫瞄准的针对性和效率。与此同时，民间组织还可用直接执行人或中介的身份，协助并监督各级政府贯彻执行有关方针政策，确保扶贫政策真正落实到位。民间组织开展的扶贫工作是中国

① 刘坚．中国农村减贫研究．北京：中国财政经济出版社，2009.

② http://www.cydf.org.cn/.

特色扶贫开发事业的不可或缺的组成部分之一。

表 4-12　　中国民间组织开展的主要扶贫工程

扶贫工程	民间组织	主要内容
希望工程	中国青少年发展基金会	援建希望小学、资助贫困学生
春蕾计划	中国儿童少年基金会	通过开办“春蕾班”，捐建“春蕾学校”等形式救助贫困失学女童
幸福工程	中国人口福利基金会	采用小额资助、直接到人、滚动运作，劳动脱贫的救助方式，为贫困家庭的母亲提高发展的资金支持
	中国计划生育协会	
	中国人口报社	
天使工程	中国扶贫基金会	为西部地区医院提供院长及管理人员培训，配置信息管理系统和医疗救助设备
宋庆龄女童助学计划	宋庆龄基金会	援助女性失学儿童，提供奖学金，建立女童寄宿培训中心和女子初中
母亲水窖工程	中国妇女发展基金会	从最初只支持以水窖为主的饮水项目，延伸到目前以水窖为龙头，包括养殖、庭院种植、沼气、卫生厕所、微型加工在内的综合类农村发展项目
光彩事业	中华全国工商业联合会	农业产业化扶贫、资源优势扶贫、医疗卫生扶贫、智力开发扶贫、移民安居扶贫、招工就业扶贫、建设市场扶贫、公益捐助扶贫和国家援助扶贫
中华健康扶贫工程	中华初级卫生保健基金会	面向中国广大农村地区传播初级卫生保健的基本理念，帮助贫困地区改善医疗条件
扶贫助济	中华慈善总会	救灾、扶贫、安老、助孤、支教、助学、扶残、助医八大体系

数据来源：刘坚. 中国农村减贫研究. 北京：中国财政经济出版社，2009.

企业扶贫是除社会组织扶贫外的另一种社会参与形式。各个企业通过发挥自身优势，积极联系贫困县区，投入巨额扶贫资金，带动贫困人口脱贫致富。

专栏 4-1

恒大集团和万达集团以“企业包县”方式扶贫

大方县地处乌蒙山连片特困地区，2015 年尚有贫困人口 18 万。

2015年12月，恒大集团宣布投入30亿元扶贫资金，通过采用产业扶贫、易地搬迁扶贫、吸纳就业扶贫、发展教育扶贫和特殊困难群体生活保障扶贫等一揽子精准扶贫措施，帮助国家级贫困县贵州省毕节市大方县的贫困人口摆脱贫困。其中，贫困户产业发展，移民安置点、学校等项目建设已于2016年初启动，力争在短时间内使大方县60个特困村实现整体脱贫。在另一个国家级贫困县贵州丹寨县，中国另一家知名企业万达集团正在以“企业包县”的方式进行扶贫。2014年末，万达集团“进驻”丹寨县，计划在5年内，累计投资约10亿元支持丹寨县黑毛猪扩繁加工、锌硒茶加工和教育事业等，建设容纳5 000人的万达职业技术学院，吸纳毕业生和农民工到万达集团就业。诸如恒大、万达等大型企业对贫困县的“整体帮扶”，充分发挥了自身资金、技术、人员等方面的综合优势，为创新扶贫工作机制和构建民营企业扶贫新模式提供了积极探索，也为加快贫困人口脱贫致富做出了重要贡献。

资料来源：民企助力扶贫，贵州大方县预计3年全面脱贫.（2016-03-01）. http://gongyi.people.com.cn/n1/2016/0301/c151132-28160224.html；全国首创“企业包县整体脱贫”新模式　万达牵手贵州丹寨10亿元扶贫.（2014-12-02）. http://news.xinhuanet.com/house/cz/2014-12-02/c_1113482929.htm.

专栏4-2

亿利资源集团生态治理带动脱贫

亿利资源集团是全球治理沙漠面积最大、拥有专利技术最多的企业。28年来依靠自主创新研发出100多项生态种植技术，1 000多种耐寒、耐旱、耐盐碱的生态种子，治理沙漠面积达1.27万平方公里，成功治理了中国第七大沙漠——库布齐沙漠，创造了4 600多亿元的生态财富，带动10万贫困人口脱贫，被联合国认定为“全球治沙领导者”企业。库布齐沙漠治理模式和技术已向新疆南疆塔克拉玛干沙漠、甘肃腾格里沙漠复制推广，并积极向中亚、西亚和澳大利亚输出。

资料来源：http://www.elion.com.cn/article/2.

专栏 4-3

德青源资产收益型产业扶贫

2015 年，北京德青源农业科技股份有限公司将循环农业模式引入扶贫开发事业，与政策性银行联合创建了资产收益型产业扶贫新模式——“金鸡产业扶贫计划”（以下简称“金鸡计划”），创新了带动贫困地区农民发展产业、脱贫致富的有效模式，探索了一条带动贫困地区农民分享农村产业融合增值收益的现实途径。“金鸡计划”，即德青源公司选择某个国家级贫困县作为试点，双方在自愿互利的前提下开展合作，由当地利用扶贫资金建设养殖设施，然后租赁给德青源公司进行生产经营，当地政府通过租赁经营的资产收益来带动群众脱贫。在“金鸡计划”运行过程中，贫困县负责整合财政扶贫资金，筹措项目本金；德青源公司负责在当地的全部生产经营活动并交纳租金；政策性银行负责提供相应贷款支持。“金鸡计划”是由地方政府部门主导，通过整合扶贫资金撬动金融资本，由龙头企业通过市场化经营实现产业扶贫的一种资产收益型的扶贫模式，促进了农村各产业资源要素的有效融合，满足了党、政、农、银、企的各方诉求。截至 2016 年 9 月，德青源公司已与 8 个国家级贫困县签约“金鸡项目”，各地的蛋鸡养殖设施已先后开工建设，最早的已于 2016 年 6 月正式投产。据了解，未来 5 年德青源公司还将扶持 100 个贫困县，通过引导贫困户参与养殖蛋鸡，采取务工、分红等方式，带动近 130 万农民实现脱贫。

资料来源：北京德青源农业科技股份有限公司“金鸡计划”构建产业扶贫新模式. (2016-09-09). http://www.farmer.com.cn/uzt/rhfz/jy/er/201609/t20160909_1239344.htm.

（六）中国与联合国、发达国家、非政府组织的国际合作，是中国大规模减贫的重要外界推动因素

在对外进行扶贫国际合作的过程中，中国不仅接受国际扶贫资金的援助，更重要的是，国际上一系列先进的减贫理念、减贫理论和方法被

介绍到中国，并应用于中国的减贫实践过程中，助力于中国的脱贫攻坚。发达国家经济援助提供的不仅仅是优惠贷款和发展援助，还有成熟的扶贫理念、系统的扶贫项目运作能力和高效、灵活的扶贫策略。在诸多的国际组织对华扶贫援助中，世界银行和亚洲开发银行在中国实施的减贫工作具有一定的代表性。因此，本书分别以世界银行和亚洲开发银行对华减贫工作为例，分析在中国大规模减贫过程中外界力量的推动作用。

在国际先进减贫理念、理论及方法的合作方面，早在1992年，世界银行和中国国务院扶贫办就共同编制了一份重点研究报告，旨在介绍加强贫困监测的新方法，介绍多部门且侧重增强劳动力流动性的扶贫模式，将贫困评估和示范项目的成果转化为政策方案以及制定一项长期减贫策略。在1995年陆续开始的西南扶贫项目和秦巴山区扶贫项目的实施过程中，世界银行将重点明确的多部门农村发展项目减贫方法的效果进行示范，同时将新的贫困监测系统引入中国，帮助加强中央和地方层面的贫困监测工作。目前，新的贫困监测系统已在中央一级得到采用，并推广至全国592个贫困县，中国已具备了很强的贫困评估和测绘能力。

在国际扶贫资金的援助方面，截止到2014年6月30日，世界银行累计对华贷款（国际复兴开发银行和国际开发协会贷款总和）约为540亿美元，实施项目376个。项目主要集中在环境、交通、城市发展、农村发展、能源、水资源管理和人类发展等领域。2017年度，世界银行共批准15个项目，承诺投资金额共22.647 8亿美元（见表4-13）。

表4-13　　2017年度世界银行在中国投资项目情况

序号	项目	承诺投资金额（亿美元）
1	湖南省财政可持续性发展政策贷款	2
2	重庆市大渡口区财政可持续性发展政策贷款	2
3	陕西省贫困地区农村社区发展项目	1
4	安徽公路养护创新示范项目	1.5

续前表

序号	项目	承诺投资金额（亿美元）
5	甘肃省文化自然遗产保护与开发二期	1
6	鄱阳湖水域水环境综合治理项目	1.5
7	建立节能的市场机制项目	0.178
8	甘肃职业教育培训项目	1.2
9	重点行业削减与淘汰 PFOS（全氟辛基磺酸）项目	0.242 5
10	中国卫生改革项目	6
11	三峡现代物流中心项目	2
12	中国可持续城市发展综合示范项目	0.327 3
13	湖南省农田污染综合管理项目	1
14	广东省欠发达地区义务教育均衡优质标准化发展示范项目	1.2
15	江西农产品流通体系建设	1.5
16	合计	22.647 8

注：由于项目目前正在进行，实际投资额随项目的进行而有所变动，故表中所用金额为承诺投资金额。

资料来源：http://www.shihang.org/zh/country/china/projects/all?qterm=&lang_exact=Chinese&os=0.

除了世界银行，亚洲开发银行（以下简称“亚行”）在中国的减贫进程中也发挥了显著作用。自 1986 年中华人民共和国加入亚行以来，中国已累计获得亚行 297.6 亿美元贷款，是亚行的第二大借款国。仅 2013 年度，亚行对华贷款援助总计 15.4 亿美元，包括 12 个贷款项目，涉及 4 个优先发展领域：农业和自然资源、能源、交通运输以及城市和社会部门[①]。

中国的扶贫工作取得当前成效的原因多种多样，上述的几个因素只是其中几个主要方面。在扶贫工作取得巨大成效的同时，我们也应该看到，随着贫困人口的减少，贫困人口越来越难从经济增长、政府及各界扶贫过程中获取红利，上述因素带来的减贫效应随之减弱，扶贫资源的利用效率也显著下降。鉴于中国的减贫难度越来越大，减贫成本日益提高，原有的扶贫模式不再完全适应中国的贫困现状，中国对扶贫政策进

① https://www.adb.org/zh/prc/projects.

行了调整，目前已经进入精准扶贫、精准脱贫新阶段，扶贫瞄准已经从县、村一级下移到具体的贫困户。这一变化必将带来扶贫工作精准度的大幅度提高，进而使扶贫资源的利用效率得到显著提升。2020 年，中国将实现现行标准下农村贫困人口全部脱贫，当前贫困程度较浅的贫困户已经顺利脱贫，剩下的 4 335 万贫困人口因各方面原因脱贫难度较大，中国的扶贫工作已经进入了攻坚克难时期。在扶贫攻坚成为各级政府的重大政治任务和第一民生工程的情况下，中国的扶贫必将取得更大的成效，2020 年，贫困人口将与全国人民一道顺利迈入小康社会。

Poverty Alleviation in Contemporary China

Poverty Alleviation in CONTEMPORARY CHINA

第 5 章

中国的精准扶贫

5 中国的精准扶贫

精准扶贫的提出经过了从自上而下提出政策理念，到形成精准扶贫、精准脱贫基本方略的政策设计，再到精准扶贫政策创新机制和全面推进执行的发展过程。2014 年，习近平总书记在扶贫地区调研考察和会议期间发表的关于农村扶贫开发工作的系列重要讲话中，多次阐述了精准扶贫理念。中央围绕农村扶贫开发主题召开系列重要会议和出台扶贫政策，逐步完善了有关精准扶贫的政策体系。各级地方及行业部门推进创新精准扶贫工作机制和执行方式，丰富了精准扶贫的经验实践和理念内涵。

精准扶贫是在新形势和新问题背景下中国农村扶贫开发的创新政策。改革开放特别是在党和政府有计划地实施减贫政策以来，中国贫困人口大量减少，取得了巨大的减贫成绩，在这一探索过程中形成了具有中国特色的扶贫开发道路。近年来，在中国经济发展进入新常态、经济增长的减贫效益下降和社会收入分配不平等呈现扩大趋势的经济社会大环境下，在以区域开发为重点的扶贫方式出现瞄准精度和减贫效率下降趋势问题的背景下，需要创新扶贫策略，增强扶贫的针对性和提高减贫的有效性。通过全面设计和实施精准扶贫政策，为有效推进减贫事业和如期实现小康目标提供了政策指南。

精准扶贫的核心是扶贫到户到人。基本定义是扶贫政策和措施要针对真正的贫困家庭和人口，通过对贫困人口有针对性的帮扶，从根本上消除导致贫困的各种因素和障碍，达到可持续脱贫的目标。具体而言，就是对应“扶持谁”“谁来扶”“怎么扶”“如何退”四个关键问题，着重在对扶贫对象的精准识别、精准帮扶、动态管理和扶贫效果的精准考核四个主要环节，按照“六个精准”的基本要求和“五个一批”的主要途径具体实施。

一、中国精准扶贫提出的背景

(一) 实施精准扶贫的背景和由来

1. 随着减贫事业的深入推进，脱贫难度更大

从 20 世纪 80 年代中期开始，中国政府开始实施有针对性的减贫政

策，先后制定和出台《国家八七扶贫攻坚计划（1994—2000 年）》《中国农村扶贫开发纲要（2001—2010 年）》《中国农村扶贫开发纲要（2011—2020 年）》，大致经历了体制扶贫、大规模开发式扶贫、扶贫攻坚、扶贫新开发以及扶贫成效巩固五个阶段。改革开放初期，中国农村整体贫困，按区域（贫困县和贫困村）识别贫困人口的难度较小，因而以改善地区生产和生活条件为重点的基础设施建设和公共服务提供，取得了明显的减贫效果。20 世纪末，中国用了将近 20 年的时间，基本解决了温饱问题。21 世纪以来，全国扶贫开发的重点是实施整村推进，同时，国家重视农业、农村和农民工作，农村地区广泛开展社会主义新农村建设，在此背景下，农村贫困人口数量显著下降，收入水平稳步提高，贫困地区基础设施逐步完善，公共事业取得了长足发展，贫困地区面貌和贫困人口生活水平明显改善。应该看到，新时期中国的扶贫工作仍然面临着众多考验和挑战，全社会贫富差距拉大、区域发展不平衡不充分、深度贫困问题突出、激活内生动力难题依旧、返贫问题出现，宏观和微观层面的问题制约贫困地区和贫困人口脱贫发展。在中国政府主导下，经过多年扶贫，容易帮扶的对象基本已经脱贫，余下的都是难啃的“硬骨头”，特别是居住在生存环境恶劣、基础设施薄弱、公共服务滞后的深度贫困地区的贫困人口，脱贫难度和返贫风险更大。在这一背景下，长期以来以区域开发为重点的农村扶贫已经出现了扶贫对象瞄准失准、扶贫效率和效果下降的问题，因此亟待调整扶贫方略，增强扶贫的针对性，提高扶贫的有效性。

2. 经济发展进入新常态，贫困地区发展面临挑战和机遇

经济总量和农业在 GDP 中比重的下降是经济增长的减贫效应下降的宏观标示。2014 年 5 月，习近平总书记根据中国经济发展阶段的变化，做出了中国的经济发展已经进入“新常态”的重大战略判断，即进入了“增长速度换挡期、结构调整阵痛期、前期刺激政策消化期‘三期’叠加”的新常态。中国的经济增长速度有所放缓，不能像以往经济增长处于高位时为扶持贫困人口脱贫提供物质保证。经济发展新常态

下，贫困人口失业和致贫的风险加大，特别是在经济活动领域中本来就较脆弱的人群和“工作中的穷人”。产业结构调整会使就业的结构性问题凸显，就业市场上的弱势群体将陷入更大的脆弱程度之中，失业压力将使未来贫困人口的脱贫难度加大。财政资金用于扶贫的增量空间有限，政府依托财政资金投入、以收入再分配和投资于贫困群体发展来减贫的增量空间被压缩。前期经济刺激政策的消化还需要较长的时间，为贫困人群提供强支持力度新政策的可能受限。经济新常态对扶贫工作产生各种影响，也为精准扶贫带来新机遇。一方面，政府的职责更加明确，更加精准；另一方面，市场的作用更加充分和规范，也使精准性表现更加充分。产业结构转型升级是经济新常态的重要内涵与主要指标。贫困地区的产业结构变化，真正意义上的依托传统产业发展促成结构升级并不常见，较多的产业结构变化，是产业创新带来的。最明显的表现是生态环境资源得到了新型的开发利用。产业发展往往是与外部经济发展相联系的，甚至是外部经济发展带来的，属于外部经济的衍生需求创造。对于贫困地区来说，产业变化是产生和创新后发优势的重大机遇，产业扶贫应该是精准扶贫必须重视的扶贫方式之一。生态文明制度体系建设为精准扶贫带来了新机遇——全局性生态环境问题促成的新机遇。生态环境的压力对保护生态环境形成了“倒逼机制”，客观上使贫困地区受到更多重视，有利于贫困地区的精准扶贫得到更多支持，获得更多机遇，精准扶贫可以用好生态产品的多样化、市场化与创新化机制。用制度保护生态环境已经成为新时期推进生态文明建设的重要出路和重点，严格的源头保护制度、严格的损害赔偿制度、严格的责任追究制度等制度改革与创新，对于具有生态资源优势的贫困地区来说，形成了潜在的巨大政策红利。

3. 收入分配不平等扩大

低收入人群从经济高速增长中分享的收益呈下降趋势。收入分配不平等程度扩大意味着处于收入分配底端的贫困人口越来越难以分享经济增长的红利。30 多年的高速经济增长，使以平均水平衡量的人均收入快速增长的同时，也在整体上加剧了收入分配的不平等。全国的基尼系数从 1981 年的 0.288 提高到 2012 年的 0.474，不平等程度增加了 65%。农村的基尼系数从 1978 年的 0.212 4 提高到 2011 年 0.389 7，不平等程度增加了 83%。在全社会收入差距扩大的背景下，亟须调整和实施更加有针对性的扶贫政策，采取超常规举措，瞄准贫困人口，多措并举叠加扶持。

4. 贫困村空心化、老龄化和“留守”现象普遍，内生动力不足

随着工业化、城镇化的不断推进，农村贫困地区人口外出务工的比例逐年提高。2013 年外出务工的贫困人口比例为 22.96%，其中来自西部地区的外出务工贫困人口占全部外出务工贫困人口的比例约为 40.71%。从务工时间看，贫困人口中外出务工时间在一年以上的大约占 7.5%。贫困村青壮年劳动力大量外流，贫困村呈现空心化趋势。村内多是丧失劳动能力和劳动能力较弱的老人、妇女、儿童等“留守”人员。人是最重要的要素，贫困地区缺少劳动力，就缺乏发展动力，因此，“留守贫困人口”的脱贫问题和村级治理能力建设成为扶贫工作的难点。此外，部分丧失劳动能力的农户难以参与到开发式扶贫的进程中。

5. 扶贫项目资金中途流失和瞄准偏离，需要实施精准扶贫提高精准度和有效性

扶贫资金的使用中存在“低命中率”和“高漏出量”现象。一是扶贫资金分项投入、多头管理，造成资金管理成本增加和效果降低，同时由于缺乏有效的协调和沟通机制，容易造成中央财政扶贫资金管理上的混乱，不便监督。项目资金分配中，扶贫资金主要投向的行业、产业与贫困人口的实际需求不一致。二是扶贫管理部门科层组织的横向目标责任不清晰与协调不通畅，阻碍了扶贫资金的有效传递，降低了使用效率。在扶贫资金纵向传递过程中，扶贫资金的投向和使用并没有精确地瞄准贫困人口。根据 2012 年乌蒙山片区的调查发现，2012 年乌蒙山片区建档立卡工作的瞄准率为 71.03%，有 28.97%的建档立卡贫困户从

收入标准看并不属于贫困户，出现了失准问题。对于收入标准下的全部贫困农户，建档立卡的覆盖率只有48.02%，仍有超过一半的贫困农户并未实现建档立卡，存在漏评问题。从扶贫项目到户情况看，乌蒙山片区项目总体到户率低于30%，存在较大的瞄准漏出；同时也有30.77%的非建档立卡农户享受到了扶贫项目支持，造成了“扶富不扶贫”的错位。

6. 扶贫工作机制缺失和基层工作粗放影响了扶贫效果，需创新精准扶贫工作方式

得力的基层组织和完善的工作机制是提高扶贫精准度和有效性的制度保障。目前存在的主要问题有以下三个：一是扶贫原因同质化，浪费大量政府资源。将致贫原因同质化处理，推行一概而论、大水漫灌的问题解决方式，不仅浪费了极为珍贵的政府扶贫资源，而且大大影响了扶贫效果。二是基层组织执行能力弱，导致扶贫政策执行乏力。一些贫困县为快速见效，采取先易后难的方式，使得居住在偏远地区、扶贫开发难度最大的贫困人口得不到有效扶持，造成“扶县不扶民”“扶富不扶穷”。三是绩效考核机制不完善，导致扶贫政策执行的动力不足，阻碍了扶贫资源的精准使用，使得扶贫资源的使用效率和使用质量较低。

7. 通过精准扶贫激励贫困人口提高参与度和增强内生动力

深度贫困人口长期生活在与贫困对抗的绝望和冲突中，难以摆脱贫困陷阱，他们改变自身面貌的信心和认识往往不足，公共参与度较低。贫困地区的廉价资源和劳动力所剩无几，又缺乏内生动力。贫困人口对有没有扶贫项目、有什么扶贫项目，缺少发言权；扶贫项目能否成功，责任承担主体不明。贫困是一个紧密联系的整体现象，倘若不深入贫困地区，不了解贫困群体所思、所想、所需，政府制定的政策与具体贫困环境不相符，没有针对性的扶贫政策就会失效。贫困人口需要细分，“精准”扶贫将瞄准突破口发力。

总之，在新形势、新问题面前，精准扶贫是为了抵消经济增长减贫

效应的下降和完善新阶段扶贫工作机制而必须采取的措施，目的是增强扶贫的针对性和有效性，精准扶贫将成为未来中国农村扶贫的主要方式，是农村贫困人口到 2020 年摆脱贫困的根本保证。

(二) 精准扶贫理念的发展过程

精准扶贫是扶贫开发进入新阶段的思想理念、基本方略和实践要求。公共政策是从议题提出、议程设置、政策制定、政策执行到政策评估和完善的完备过程。从政策过程看，从提出精准扶贫理念，到提出精准扶贫、精准脱贫基本方略，再到完善精准扶贫、精准脱贫基本方略的“四梁八柱”的相关支撑政策和机制，经过了一个逐步丰富和深化的过程。

2013 年 11 月，习近平总书记在湘西考察时指出，“扶贫要实事求是，因地制宜。要精准扶贫，切忌喊口号，也不要定好高骛远的目标”[①]，标志着精准扶贫理念的提出。随后，中央办公厅、国务院办公厅 2013 年 12 月发布《关于创新机制扎实推进农村扶贫开发工作的意见》，把扶贫开发工作机制改革创新摆到了更加重要、更为突出的位置，并将建立精准扶贫工作机制作为六项扶贫机制创新之一，在全国推行精准扶贫工作。2015 年 1 月习总书记在云南考察时，再一次指出：“要以更加明确的目标、更加有力的举措、更加有效的行动，深入实施精准扶贫、精准脱贫，项目安排和资金使用都要提高精准度，扶到点上、根上，让贫困群众真正得到实惠。”2015 年 6 月，习总书记在贵州考察期间明确提出了“六个精准”的要求，即“扶持对象精准、项目安排精准、资金使用精准、措施到户精准、因村派人（第一书记）精准、脱贫成效精准”。2015 年 10 月，党的十八届五中全会通过《中共中央关于制定国民经济和社会发展第十三个五年规划的建议》，把“实施精准扶贫、精准脱贫，因人因地施策，提高扶贫实效”摆在实施脱贫攻坚工程的首要位置。2015 年 11 月，中央政治局会议审议通过了《关于打赢脱贫攻坚战

① 习近平的“扶贫观”：因地制宜“真扶贫，扶真贫”. 人民网，2014-10-17.

的决定》，明确要求把精准扶贫、精准脱贫作为基本方略，坚决打赢脱贫攻坚战。在中央扶贫开发工作会议上，习总书记提出“扶持谁”“谁来扶”“怎么扶”三个关键问题，针对“怎么扶”的问题，指出按照贫困地区和贫困人口的具体情况，实施“五个一批”工程，即“发展生产脱贫一批、易地搬迁脱贫一批、生态补偿脱贫一批、发展教育脱贫一批、社会保障兜底一批”。2015 年 11 月 29 日，《中共中央　国务院关于打赢脱贫攻坚战的决定》发布，明确“实施精准扶贫方略，加快贫困人口精准脱贫”，强调从精准识别、精准帮扶、动态管理、精准考核诸环节健全精准扶贫工作机制。

二、中国精准扶贫的基本含义

（一）精准扶贫的定义

精准扶贫最基本的定义是扶贫政策和措施要针对真正的贫困家庭和人口，通过对贫困人口有针对性的帮扶，从根本上消除导致贫困的各种因素和障碍，达到可持续脱贫的目标。简单地说，精准扶贫就是要扶贫到户到人，而不能仅仅停留在扶持贫困地区、促进区域发展的层面上。相较于传统的粗放扶贫，精准扶贫有以下三个特点：目标更加明确、措施更具针对性、管理更加精细①。精准扶贫要解决四个关键问题：一是“扶持谁”，就是如何聚焦贫困对象，解决以往扶贫工作中贫困人口底数不清、情况不明、针对性不强的问题；二是“谁来扶”，则是要解决扶贫主体责任不清、分工不合理，相关部门不能形成合力以及基层扶贫治理能力不强的问题；三是“怎么扶”，就是要解决扶贫资金和项目指向不准、扶贫效益和质量低下的问题；四是“如何退”，旨在衡量和判断贫困县、贫困村和贫困人口实现脱贫“摘帽”、有序退出的标准和动态

① 汪三贵，刘未．“六个精准”是精准扶贫的本质要求：习近平精准扶贫系列论述探析．毛泽东邓小平理论研究，2016（1）：40-93.

管理问题[①]。

精准扶贫针对“扶持谁”“谁来扶”“怎么扶”“如何退”这四个关键问题，提出扶贫对象的精准识别、精准帮扶、动态管理和对扶贫效果的精准考核这四个主要环节[②]。精准扶贫是通过一定的方式对贫困户进行精准识别，在找出致贫原因的基础上进行精准帮扶，根据扶贫对象的实际状况进行有进有出的动态管理，对贫困户的扶持效果进行考核，以保证精准脱贫。精准识别就是通过一定的方式将低于贫困线的家庭和人口识别出来，同时找准导致这些家庭和人口贫困的关键性因素，它是精准扶贫的基础。精准帮扶是在精准识别的基础上，针对贫困家庭的致贫原因，因户和因人制宜地采取有针对性的扶贫措施，消除致贫的关键因素和脱贫的关键障碍。动态管理首先是对所有识别出来的贫困户建档立卡，为扶贫工作提供包括贫困家庭基本状况、致贫原因和帮扶措施等方面的详细信息，为精准扶贫提供信息基础。然后根据贫困状况的实际变化，及时识别出新的贫困家庭和人口，同时将已经脱贫的家庭和人口调整出去，保持精准扶贫的有效性。精准考核是对精准扶贫的效果进行考核，主要针对地方政府。新阶段的农村扶贫工作有明确的分工，中央政府负责区域发展和片区开发，地方政府负责精准扶贫工作。精准考核首先是对贫困户的扶持效果进行考核和评估，保证精准脱贫，其次是对地方政府的扶贫绩效进行考核，督促贫困地区政府将工作重点放在扶贫和改善民生方面。精准考核的目的是督促贫困地区的地方政府将精准扶贫作为工作的重点[③]。

（二）精准扶贫的主要内容

1. 扶持对象精准

扶持对象精准是精准扶贫的基础工作，毕竟要使精准扶贫有效，就

---

① 郭玮. 坚决打赢脱贫攻坚战. 北京：中国言实出版社，2016.

② 马建堂. 认真学习贯彻习近平总书记重要讲话精神　齐心协力打赢脱贫决胜攻坚战. 国家行政学院学报（特刊），2016：4-10.

③ 汪三贵，郭子豪. 论中国的精准扶贫. 贵州社会科学，2015（5）：147-150.

必须准确地找到贫困家庭和人口，解决“扶持谁”的问题。扶持对象精准要求通过民主、科学和透明的程序以及多维度指标来将贫困户识别出来，其重点在于识别相对贫困群体中的贫困户，即在有限的贫困规模下，识别出最贫困、最需要扶持的人。目前，全国识别贫困人口的方法是在总指标控制下，由基层通过民主评议和建档立卡来识别。中国农村贫困人口的数量是由国家统计局根据约 7 万农村住户的抽样调查数据推算出来的。2014 年底，人均消费支出或人均纯收入低于 2 800 元贫困线的人口在样本中所占的比例为 7.2%，国家统计局将这一比例乘以全国农村人口总数就估计出当年农村贫困人口为 7 017 万①。同样的方法，2016 年底，国家统计局测算的全国农村贫困人口为 4 335 万。贫困人口总数的估算是客观有效的，但各个地方的贫困人口数量只能是通过总数的层层分解。在实践操作中，为了控制贫困人口的规模，以及防止地方为获得更多扶贫资源而过分夸大贫困状况，国家在贫困人口数分解到地方的时候，要求地方政府在最多上浮 10%的指标控制下进行贫困人口识别。由于缺乏所有农户可靠的消费支出和收入数据，地方政府无法根据收入和消费支出识别贫困人口，当前主要采取民主评议的方式进行贫困识别和建档立卡。民主评议可以充分利用基层组织在农户信息的获取中所具备的便利条件，并且可以有效消除争议。在贫困人口的识别过程中，基层组织通常使用综合标准，既考虑农户的收入水平和消费状况，也考虑家庭成员的健康、教育、能力、家庭负担和财产状况等多维度的福利状况。这种方式可以相对客观地辨析贫困人口，一些地方采用类似“一看房、二看粮、三看劳动力强不强、四看家中有没有读书郎”的衡量标准，由此可知多维度贫困指标在贫困人口识别中的重要性。建档立卡工作从 2013 年开始，2015 年全国又开展了“回头看”活动，目前已经建立了完整的建档立卡信息系统，扶持对象精准工作有了很大改进，并为后续大规模的精准扶持提供了支撑②。

---

① 国家统计局. 2014 年国民经济和社会发展统计公报. (2015-02-26). http://www.stats.gov.cn/tjsj/zxfb/201502/t20150226_685799.html.

② 汪三贵，郭子豪. 论中国的精准扶贫. 贵州社会科学，2015 (5)：147-150.

2. 项目安排精准

扶持对象识别出来并建档立卡以后，就需要根据贫困户和贫困人口的实际需要进行有针对性的项目帮扶，做到因户、因人施策。具体而言，项目安排精准需要找准每个贫困家庭的致贫原因，在找准每一个贫困户致贫因素的基础上，有针对性地安排扶持项目，对家庭和个人进行有效的帮扶。全国建档立卡数据分析表明大多数贫困户的致贫原因不止一个，是多个致贫因素综合作用的结果。考虑到致贫原因的综合性和差异性，扶贫部门采用了“政策组合拳”，既将短期和长期的扶持项目相结合，也将外在推进与内生发展相匹配，最终实现项目安排精准。例如，各地对有劳动能力的贫困家庭，重点通过培训来提高能力，同时扶持家庭的产业发展和就业来增加收入。对于完全丧失劳动能力或部分丧失劳动能力的贫困家庭，则需要通过资产收益扶贫和社会保障来保证其基本生活，并通过合作医疗和大病保险（救助）来维持其基本的健康状况。对于生产和生活环境恶劣，“一方水土养活不了一方人”的地区，则重点通过移民搬迁来解决基本生存条件的问题，并对搬迁后的生产和就业进行重点扶持。对于所有贫困家庭，都需要帮助解决儿童的营养、健康和教育问题，以阻断贫困的代际传递[①]。

专栏 5－1

全国建档立卡数据分析的致贫原因

根据全国建档立卡数据分析发现：在全国层面，贫困户主要的致贫原因是疾病、缺资金、缺技术、缺劳力。42.1％的贫困农户因病致贫，35.5％的贫困农户因缺资金致贫，22.4％的贫困农户因缺技术致贫，16.8％的贫困农户因缺劳力致贫。致贫因素在区域之间存在明显的差异。东部地区贫困人口致贫原因主要为人力资本因素，因病因残致贫、缺劳力

① 汪三贵，刘未．“六个精准”是精准扶贫的本质要求：习近平精准扶贫系列论述探析．毛泽东邓小平理论研究，2016（1）：40-93．

致贫的比例在东部地区最高，58.1%的农户存在因病致贫的现象，远高于西部地区（28.9%）。这与东部贫困人口中老年人、没有劳动能力的人和文化程度低的人口比例高是一致的。西部地区致贫因素更加复杂和多样化，既有地理、生态和自然资源的因素，也有经济和社会发展不足的影响，还有家庭人力资本不足的限制。西部44.9%的农户存在缺资金致贫的现象，此外，缺技术、缺土地、缺水、因灾、因学、交通条件落后等因素致贫的比例在西部地区都是最高的。中部地区因病致贫和缺资金致贫的问题最为突出，分别为51.6%和28.9%。东、中、西部地区的贫困村在饮水、通电等基本生产生活条件方面差距也比较大。西部和中部地区分别有27.8%和23%的农户没有实现安全饮水，22.9%和13.1%的农户饮水困难；西部地区仍然有2.6%的贫困村没有通生活用电，10.3%的贫困村没有通生产用电，有6.5%的农户未通生活用电，16.3%的农户居于危房，这些指标都远远落后于中部和东部地区。

3. 资金使用精准

优化财政扶贫资金的使用和管理，是精准扶贫的重要支撑。正如前文所述，在精准扶贫政策推出之前，扶贫资金管理制度存在种种问题。除了多头管理、缺乏有效的协调和沟通机制，以往的各类扶贫资金（包括专项扶贫资金和部门扶贫资金）的管理方式缺乏足够的灵活性，上级政府为了保证资金安全，对资金的用途、使用的方式、扶持的标准等做了明确的规定，以至于地方政府没有资金使用的自主权，加之许多扶贫项目直接到村到户，因其分散、零碎，扶贫部门甄别项目的成本较高，且缺乏实施项目的激励机制，直接导致扶贫项目效率不高，而出现项目配置不切实际、瞄准率不高、重点不突出的弊端。因此，资金使用精准旨在进一步完善中国扶贫资金管理体系，建立安全有效的监督体制，使得扶贫资金的分配、使用、拨付、财务管理和监督等都与精准扶贫的各项要求一致。这就要求将资金的分配和使用权下放给对贫困户情况最了解的基层政府，让其根据实际情况确定项目和分配资金。2015年中央一号文件《中共中央　国务院关于加大改革创新力度　加快农业现代化建设的若干意见》明确提出“扶贫项目审批权原则上要下放到县，省市切实履行监管责任”。文件要求除中央有明确规定需要省级组织实施的竞争性项目外，所有项目审批权限一律下放到县。这次扶贫资金管理机制的改革被称为责任、权力、资金、任务“四到县”。各地以中央一号文件为纲领，出台扶贫资金管理改革方案，并从 2015 年开始将扶贫资金的使用权下放到县，并要求县一级加强涉农资金的整合，集中力量打好扶贫攻坚战。2016 年，国务院办公厅下发了《关于支持贫困县开展统筹整合使用财政涉农资金试点的意见》，赋予了贫困县更多的资金整合权力。

4. 措施到户精准

以往的扶贫项目不仅难以到户，到户后效果也很差。例如，乌蒙山片区项目总体到户率低于 30%，主要原因是贫困户面临缺技术、缺资金、缺市场信息、缺市场理念等障碍。措施到户精准与项目到户精准类似，是在考虑每个家庭的致贫原因之后，采取综合性的帮扶措施。不同的是措施到户精准重在突出运作的方式与方法，而项目到户精准更关注项目载体。因此，对于措施到户精准而言，新时期的扶贫措施需要进行更精准、更有效的革新。以产业发展为例，原本产业扶贫缺乏良好的利益联结机制，贫困户与公司、合作社和大户等现代农村经营主体共同竞争，成功的案例较少。措施到户精准要求地方政府重点探索和建立贫困户的受益机制，保证扶贫效率到贫困户。如对一部分失去劳动能力和劳动能力较弱的贫困家庭，实施资产收益扶贫项目。将贫困地区的自然资源、公共资产（资金）或农户的土地和林地等资本化或股权化，交给公司、合作社和大户等经营主体进行经营，贫困农户按照股份或特定比例获得分红收益。失能和弱能贫困户即使不参与项目的经营管理也能直接或间接受益。这种资产收益扶贫在很大程度上弥补了现有扶贫措施的不足，能显著提高扶贫到户的效率。而对于有劳动能力的贫困家庭，将贫困户纳入现代产业链中，通过企业、合作社、大户等其他经营主体带动贫困人口发展产业。经营主体提供产前、产中、产后服务，贫困人口只需要参与生产环节中相对比较简单的生产活动，这样就可以解决贫困农户经常面临的信息、技术、资金、市场等方面的困难。在移民搬迁项目中，多地采用差异化的补贴政策，增加对建档立卡贫困户的建房补贴，同时通过控制建房标准来降低搬迁成本。在安置方式上，具备基本生产和生活条件的地方则优先选择有土安置方式，对于与城镇化结合的无土安置，则提供充足的就业岗位和完善的社会保障，确保“搬得出、稳得住、能致富”。在金融扶贫中，不局限于扶贫小额信贷的形式，各地积极探索金融扶贫的有效模式，通过信贷、保险和抵押市场的综合金融改革增加贫困户获得金融服务的能力。不断健全贫困地区金融组织体系，逐步完善金融基础设施，使得金融扶贫环境得以持续优化。

5. 因村派人精准

精准扶贫是一项复杂的系统工程，它的成功实施需要强有力的组织保障。大量的扶持项目和帮扶措施都需要由村一级组织来具体操作和实施，村级组织的能力是影响精准扶贫效果的关键因素之一。由于贫困村经济和社会发展相对滞后，大量年轻人外出就业，留在村里的普遍是“老弱病残”，青壮年劳动力缺乏，基层组织队伍更新缓慢，贫困村干部呈现年龄大、文化程度低、能力较弱的基本特征，贫困村的村级治理能力处于不断弱化的状态。依靠村级组织自身的发展和建设在短期内难以显著改善组织涣散的状态，从而给精准扶贫工作的落实带来挑战。从理论上讲，上级政府通过向贫困村选派“第一书记”和驻村工作队，使其成为村集体治理能力的重要补充，通过这种“输血式”组织建设补充，可以在短期内大幅度提高贫困村的管理水平，有利于精准扶贫工作的实施。驻村帮扶制度的确立可以在多个方面促进精准扶贫工作。一是利用驻村帮扶队对于精准扶贫政策的准确理解，帮助村“两委”改进贫困户的识别方法，协助解决识别过程中容易出现的矛盾；二是利用帮扶单位和个人的力量，从外部组织动员更多的资源，协调各方力量，共建精准扶贫的“大扶贫”格局；三是协助村“两委”建立有效的扶贫到户机制，深入贫困村组和农户家中进行摸底调研，准确了解贫困户需求，让贫困户真正享受到扶贫收益；四是作为一种外部制衡力量，可以对村级的精准扶贫工作进行有效的监督，防止人情关系、弄虚作假和腐败行为的发生；五是在精准扶贫过程中培育贫困村干部的责任心和能力，增强贫困村的内生发展动力，"第一书记"和驻村工作队撤出以后，依靠贫困村自身的能力可以让其走上可持续发展道路。

6. 脱贫成效精准

精准扶贫的目的就是要使现有标准下的贫困人口到 2020 年全部脱贫，并且要保证扶贫成果真实可靠，具有可持续性。要达到脱贫成效精准，前面的五个精准是保障。在此基础上，还需要对脱贫效果进行科学的考核和评估，防止成果造假和贫困人口被脱贫现象的发生。国家统计局可以利用农户抽样调查数据每年对全国和各省总的减贫状况进行可靠的评估，从而为国家根据减贫效果调整扶贫政策提供决策依据，并制定相应的奖惩措施。由于样本量的限制，国家统计局无法利用抽样数据评估省以下地方政府的减贫成效，成为脱贫成效精准的一大遗憾。目前，建档立卡贫困人口的脱贫状况则需要通过独立的抽查方式来进行核查和评估，其中精准扶贫第三方评估显得尤为重要。让独立的第三方充分参与脱贫成效精准的考核，标志着扶贫开发考核进入一个新阶段，改变了以往评估主体单一的问题，建立起一种扶贫开发内部评价与外部评价相结合的政府绩效评价体系，成为精准扶贫考核机制日趋完善的重要标志之一①。第三方评估工作分为两个层面：一是对建档立卡贫困户的脱贫的真实性进行评估，对象是建档立卡贫困户，评估标准是看是否达到了"两不愁""三保障"；二是对贫困县和贫困村的退出进行评估，看是否达到退出标准，如贫困县的退出标准是贫困发生率中、东部地区低于 2%，西部地区低于 3%。通过第三方评估，可以进一步制定明确和可量

① 汪三贵，曾小溪，殷浩栋. 中国扶贫开发绩效第三方评估简论：基于中国人民大学反贫困问题研究中心的实践. 湖南农业大学学报（社会科学版），2016（3）：1-5.

化的脱贫标准，建立贫困户脱贫和贫困村、贫困县（区）退出工作机制，并组织和动员社会力量参与贫困的动态监测、分析和评价，实现贫困人口的动态管理，确定贫困农户调整出列的具体指标，兼顾各类致贫原因以及脱贫后返贫的可能性，确定合理的帮扶期限，确保到2020年，现行标准下农村贫困人口全部实现脱贫，贫困县全部摘帽。通过进一步明确第三方评估标准，确定明确的评估程序和相应的管理制度，使第三方评估具有合法性，并且在方法和指标可靠的情况下，防止“数字脱贫”“被脱贫”等问题发生。

三、中国精准扶贫的主要做法

传统的扶贫做法以基础设施建设为主，兼顾贫困地区产业发展以及贫困户自我发展能力的提升。自中央提出精准扶贫战略以来，扶贫工作发生了重大转变，在对象上以贫困人口精准识别为目标，强调措施精准到户到人；在内容上不仅关注贫困人口收入的提升，而且重视其他公共服务的改善；在方式上不局限于传统模式，创新了大量的做法。以下部分将阐述精准扶贫中的新观念、新做法与新模式。

（一）资产收益扶贫

自《中国农村扶贫开发纲要（2001—2010年）》首次提出产业扶贫以来，贫困地区农业产业化和农业发展活动开始涉及扶贫领域。随后，在《中国农村扶贫开发纲要（2011—2020年）》中产业扶贫得到进一步扩充，被表述为：“充分发挥贫困地区生态环境和自然资源优势，推广先进实用技术，培植壮大特色支柱产业，大力推进旅游扶贫。促进产业结构调整，通过扶贫龙头企业、农民专业合作社和互助资金组织，带动和帮助贫困农户发展生产。引导和支持企业到贫困地区投资兴业，带动贫困农户增收。”产业精准扶贫的目标是解决贫困农户独立发展产业能力弱的问题，难度在于让贫困户进入由新型经营主体主导的产业链体系中，为此各地做出了有益的探索，其中资产收益扶贫就是当下产业精准扶贫的主要做法。

1. 资产收益扶贫的概念

资产收益扶贫是指，将自然资源、公共资产（资金）或农户权益资本化或股权化，相关经营主体利用这类资产产生经济收益后，贫困村与贫困农户按照股份或特定比例获得收益的扶贫项目。在精准扶贫、精准脱贫的方略下，资产收益扶贫以产业为平台，将自然资源、农户自有资源以及各类扶贫资金资产化；由经济实体以市场化的方式经营，并将收益落实到每个贫困农户，为其带来可持续的财产性收入，从而达到持久脱贫的目标。对于具有劳动能力的贫困农户，资产收益扶贫在强调收入增长和收益稳定的基础上，致力于提高贫困农户参与度，增强脱贫的内生动力和可持续发展能力。对于失能、弱能贫困人口，资产收益扶贫着重于发挥“托底”效能，与社会保障制度相辅相成，合力使其摆脱贫困状况。

2. 资产收益扶贫的主要做法

(1) 固定收益模式。

固定收益的方式主要以资产出租和资金借贷的形式，项目收益为固定租金或利息，不与大户、合作社或企业的经营利润挂钩，不承担经营风险，但收益水平较低。固定收益模式的优点在于对监督机制要求较低，不需要政府或农户对企业经营行为进行专门的监控。重庆市石柱县石家乡在推进旅游扶贫中，将重庆市给予36个贫困户每户3万元的乡村旅游发展补贴，共计108万元集中投入石柱县梦里荷塘乡村旅游专业合作社，合作社作为资金管理者，将资金出借给县内发展稳定、规模较大的乡村旅游企业石龙山庄。石龙山庄每年向合作社支付10%的占用费，即10.8万元。江苏省响水县上王村大型机械耕种项目中，扶贫资金投资购置75万元大型机械设备，以出借的方式提供给军正农机专业合作社使用。合作社每年向村集体支付5.86万元租金，收益率为

7.81%。青海省兴海县易地商铺购买项目中，扶贫资金 3 759.8 万元为 23 个偏远贫困村在县城中心区域购置 23 套商铺，由村集体负责出租并收取租金。

（2）浮动收益模式。

浮动收益模式一般采用资产入股，参与企业利润分红的模式。浮动收益模式一般在项目初期收益率水平较高。但扶贫资产占股比例、投资对象经营状况、市场风险等对收益有直接影响，可能造成农户收益的不稳定性。另外，政府能否通过灵活使用政策工具为扶贫资金获得更大的占股比例、能否有效地甄别收益率高且波动性小的项目成为影响项目成败的关键因素，这些都对政府的市场敏锐度和项目可行性研究提出更高的要求。同时，浮动收益对风险兜底机制和监督机制要求较高。河北赤城生猪养殖项目中，扶贫资金投资 100 万元建设生猪养殖场周边道路、电力等基础设施，连同村内荒山、荒坡 60 亩共折价 140 万元，入股河北坤森养殖有限公司养殖场，占股 30%。企业每年将养殖场利润的 30%作为红利分配给村集体，2013—2014 年共实现资产收益 44 万元。黑龙江克东县将 300 万元扶贫资金投入安全现代农机生产合作社的仓储设施建设，建成 3 000 平方米仓储库房以及 2 000 米延长围栏。扶贫资金投入按照资金投入各项设施为合作社实现利润的 50%进行分红。通过扶贫资金建设预计可以为合作社增加利润 80 万元，扶贫资产收益为 40 万元，收益率为 13.33%。四川苍溪县猕猴桃产业园区吸收 719 万元扶贫资金进行基础设施建设和生产投资，扶贫资金除按照同期银行存款利率享受保底分红外，还按占股比例进行利润分配。

在扶贫资产本身可用于村民生产的项目中，扶贫资产实现浮动收益的方式还包括经营主体减免农户服务费用。黑龙江安全农机生产合作社和江苏省响水县上王村等承接扶贫资金的合作社对村内农户使用合作社服务减免，如机械播种、机械收割、烘干等，实行减免服务费。在黑龙江省案例中，合作社为辐射带动的 255 户农户减免 2 分钱/市斤烘干费用，按照生产面积和平均产量计算，户均可节约费用 840 元，总效益达 21.42 万元。江苏省响水县上王村将扶贫资金购置的农业机械租赁给当地农机合作社，合作社采取特困低收入户免费耕种，一般低收入户费用减半的形式对村内贫困农户进行补贴。

（3）间接收益模式。

间接收益是指通过扶贫资金投资当地的产业，带动贫困农户增加生产和就业，从而间接提高其收入水平。这主要是通过以下两个途径实现收入增长：其一，农户直接参与，增加工资收入和销售产品收入。目前大部分产业项目均通过吸引企业或大户投资当地产业创造了就业岗位，吸收村内贫困户参与劳动，尤其是弱能贫困户，增加工资性收入。提供就业岗位的方式可以优先吸纳贫困户务工收入，有效提高贫困人口的参与度，避免了贫困户产生“等、靠、要”的消极思想，促进项目的可持续发展。例如，四川苍溪县猕猴桃产业园项目尽管直接收益有限，但每年为全村创造 200 多万元工资性收入，村内多数弱能贫困户从中受益。村内产业发展也吸引部分农户回乡就业，解决了村内留守儿童、留守老人等社会问题，为农村增添了人气，提高了农户生活质量。重庆石柱乡村旅游项目安排贫困户参与农产品生产并按优惠价格直接供给当地旅游企业，有效解决了贫困户面临的信息不足和市场有限等问题，提高了农户产品销售收入。该项目还可以在旅游旺季为贫困户提供 3 个月左右的务工收入。其二，技术溢出效应明显，贫困农户获得一技之长。农户在资产收益项目中通过务工接触到了专业的现代农业管理和旅游服务等技能，有助于其自我技能的增长，促进了贫困户自我能力的发展。例如，黑龙江安全农机生产合作社、江苏省响水县上王村大型机械耕种项目，帮助贫困农户通过土地流转、提高耕种效率等方式，摆脱了土地束缚，有更多的剩余劳动力进入城镇务工，提高了家庭收入。

（二）电商扶贫

2015 年 11 月国务院发布《关于促进农村电子商务加快发展的指导意见》，明确把电子商务纳入扶贫开发工作体系，以建档立卡贫困村为工作重点，提升贫困户运用电子商务创业增收的能力，鼓励引导电商企业开辟革命老区和贫困地区特色农产品网上销售平台，与合作社、种养大户等建立直采直供关系，增加就业和增收渠道。总体而言，贫困地区电商扶贫重点在推进网络宽带建设、物流产业快递支撑、建设网络人才队伍、加强金融资金支持、注重扶贫试点等任务①。随着电商行业的快速发展，越来越多的贫困地区探索出了符合本地实际的电商脱贫路径，如甘肃成县、吉林通榆、黑龙江明水和甘肃陇南等一批电商扶贫的县域先行者，这些地区的探索为县域电商扶贫提供了经验。

1. 电商扶贫的概念

电商扶贫，就是以电子商务为手段，拉动网络创业和网络消费，推动贫困地区特色产品销售的一种信息化精准扶贫模式②。《关于打赢脱贫攻坚战的决定》提到实施电商扶贫工程，具体措施包括加大“互联网+”扶贫力度，加快贫困地区物流配送体系建设，支持邮政、供销合作等系统在贫困乡村建立服务网点。支持电商企业拓展农村业务，加强贫困地区农产品网上销售平台建设。加强贫困地区农村电商人才培训。对贫困家庭开设网店给予网络资费补助、小额信贷等支持。开展互联网为农便民服务，提升贫困地区农村互联网金融服务水平，扩大信息进村入户覆盖面。

2. 电商扶贫的主要措施

(1) 推动网络基础建设。

主要由政府投资推进宽带网络建设，扩大网络覆盖面积，为电商扶贫提供网络基础。近年来，政府实施了一系列措施如“宽带中国”战略，加快了农村信息基础设施建设，推动贫困地区光缆入乡、入村。作为信息化建设的目标，国家计划在“十三五”期间实现行政村通宽带和连片特困地区行政村互联网的全覆盖。各地积极推进了宽带网络建设，以响应“互联网+”的发展势潮。例如，甘肃省文县通过财政拨款支持

① 马合肥. 精准电商扶贫的陇南模式. 法制与社会，2016 (1)：215-217.

② 解梅娟. 电商扶贫：“互联网+”时代扶贫模式的新探索. 长春市委党校学报，2016 (2)：12-15.

率先在 30 个贫困村开展宽带网络建设，并为村民提供 5 年的免费宽带网络。截至 2015 年底，文县通宽带网络村已达 187 个，覆盖率达 61%[①]，46 个贫困村开始试点电商扶贫。

(2) 推进网络产业配套和服务平台建设。

一方面，各大电商平台的下乡战略为电商扶贫奠定基础。各地涌现了一批电商村，至 2015 年上半年，832 个国家级贫困县在阿里零售平台上，共有用户 1 972.65 万个，共有卖家 29.27 万个。2016 年 1 月，国务院扶贫办与京东集团签署了《电商精准扶贫战略合作框架协议》，重点在“产业扶贫、创业扶贫、用工扶贫、金融扶贫”四大行动中精准发力，将企业资源、业务能力与脱贫攻坚融为一体，以电子商务手段助力国家精准扶贫战略。

另一方面，改善交通条件，建设物流基地，在贫困村设立物流服务站点。一些贫困地区的电商网络产业交易服务中心、网络供货平台、网货分发配送物流基地等产业体系已逐步建立。例如，甘肃成县建立了陇南电子商务产业孵化园基地，以 18 个县乡电商服务中心为基地，完善分发配送产业链，开展网络购物、供销、运输、配送，促进网络销售和传统销售双向联动发展。同时建立顺通物流园，构建了城乡区域物流配送体系，增设快递投送网店，建成了 3 400 平方米的快递运输物流区，发展农产品的冷藏仓储物流快递配送体系，提供农产品的保鲜和运送服务。江西在贫困村建设电商脱贫站点，扶贫部门按照先建后补的原则，落实每站 1 万元补助资金。江西邮政先期投入数万元进行统一装修改造和设备添置，并交付站点免费使用。这些服务平台的建设能够为贫困村发展电商扶贫提供保驾护航的功能。

(3) 网络人才队伍建设与培训。

电商扶贫是新事物，在人力资本不足的贫困地区，专业人才培训显得尤为重要。正在探索电商扶贫的地方，逐步建立了规范的人才培育体系，为贫困人口提供电商扶贫的系统培训和专项培训，采取了课堂教学

---

① 文县“六套体系”打出电商扶贫组合拳. 陇南日报，2015-12-07.

与现场观摩、专家理论讲解与店主现身说法相结合等多种形式。例如，甘肃省陇南市以陇南电商培训中心和陇南电商学院为基地，邀请国内电商专家、阿里巴巴集团淘宝大学的讲师到培训中心讲课，帮助贫困农户提高网络经营管理技术水平①。江西邮政联合扶贫办、商务部门成立专门的项目团队提供电商培训，并到浙江等发达省份进行现场交流学习和高校深造，并指导电商经营者收集、挖掘农产品信息。鉴于电商经营者在销售宣传上能力的不足，通过项目团队为贫困村的农产品提供线上推广、文案策划、图文设计、包装寄递等全环节的服务，把农产品卖出更高的价格，实现贫困户增收致富。

(4) 加强资金支持。

电商扶贫作为十大工程之一，各级的专项扶贫资金给予了有力的支持，通过财政资金的引领、鼓励，带动更多企业和社会资本进入贫困地区的农村电商领域，助力贫困地区脱贫致富。一些地方将电商扶贫纳入扶贫小额信贷支持范围，对开办网店、从事网货生产销售的贫困户和带动贫困户生产销售网货产品、带动效果明显的企业和网店，给予免抵押、免担保，5 万元以下、期限 3 年以内的小额信贷支持，政府按基准利率贴息。开发精准脱贫产业保险，丰富邮政普惠金融服务体系和服务项目，为电商扶贫提供有力的金融服务支撑。引导和推广网上众筹等新型融资方式，丰富融资来源，拓宽融资渠道。江西于都县以 1 000 万元作为担保资金，与金融机构合作，推出“电商信贷通”，银行按 1∶8 的比例放大至 8 000 万元的专项贷款，用于解决电商企业资金困难问题②。

(5) 推进试点示范。

为促进农民增收，促成农村电商示范起步，2015 年国家商务部、财政部评选了 200 个电子商务进农村综合示范县，由中央财政计划安排 20 亿元专项资金进行对口扶持。这些资金主要扶持中西部的革命老区的农村电子商务发展，贫困县占比超过 43.5%，尤其是赣南、黔东、陇南、

① 马合肥. 精准电商扶贫的陇南模式. 法制与社会，2016 (1)：215-217.

② 陈阳山. 江西于都：“电商+扶贫”的实践与探索. 中国财政，2016 (2)：54-55.

陕北等革命老区。已开展电商扶贫的地方，大多数建立了电商扶贫部门协作机制以及考核评价机制。例如，江西于都县把电商发展作为一把手工程，由县政府主要领导任组长，定期调度电商工作。同时组建了县电商办，专职服务协调电商进农村工作推进过程中存在困难问题。并且将电子商务进农村工作列入乡镇和部门科学发展综合考评目标体系①。为了发挥市场主体作用，一些地方成立了电商协会，规范电商行为，加强行业自律，每年评选表彰一批电商扶贫成效突出的“明星网店”和“诚信网店”，给予奖励；对销售假冒伪劣产品、损害电商扶贫形象的不良行为，采取一些惩罚措施。

（三）易地扶贫搬迁

易地扶贫搬迁是中央确定的“五个一批”精准脱贫工程的重要组成部分，是打赢脱贫攻坚战的“头号工程”。自 1982 年起，中央有组织、有计划地在“三西”（宁夏西海固，甘肃定西、河西）开展大规模扶贫开发，对不适宜人类生存的地区实施了移民，此后在“八七扶贫攻坚”阶段也实施了大规模的易地扶贫搬迁。到了精准扶贫阶段，中央提出在要在“十三五”期间完成 1 000 万建档立卡贫困人口搬迁任务。新阶段的易地扶贫搬迁与之前相比，在搬迁方式基本一致，集中安置为主、分散安置为辅，不同之处在于搬迁对象着重突出贫困人口，采取多种方式筹措资金，移民后续发展更加可持续。中央计划用 5 年时间对“一方水土养活不了一方人”地方的建档立卡贫困人口实施易地扶贫搬迁，力争在“十三五”期间完成 1 000 万人口搬迁任务，帮助他们与全国人民同步进入全面小康社会。易地扶贫搬迁是实施精准扶贫、精准脱贫的有力抓手，是全面建成小康社会、跨越贫困陷阱的关键举措。2016 年，249 万贫困群众将搬离“一方水土养活不了一方人”的穷山恶水，目前搬迁所需中央预算内投资已全部下达，截至 2016 年 8 月底，项目开工率达到 85%以上，“挪穷窝”后续的“换穷业”“拔穷根”工作及时跟进。

---

① 陈阳山．江西于都：“电商＋扶贫”的实践与探索．中国财政，2016（2）：54－55．

1. 易地扶贫搬迁概念

易地扶贫搬迁是指将生活在自然条件恶劣、生态环境脆弱、不具备基本生产和发展条件、“一方水土养活不了一方人”的建档立卡贫困人口，按照自愿原则，将其搬迁到基础设施较为完善、生态环境较好的地方，从根本上改变贫困状况的一种扶贫方式①。以前易地扶贫搬迁的对象，一是生活在缺乏生存条件地区的贫困人口，二是地质灾害严重区域的农户，三是居住分散导致开发成本较高区域的农户。2015 年，国家发展改革委、扶贫办、财政部、国土资源部、人民银行五部门联合印发的《“十三五”时期易地扶贫搬迁工作方案》明确指出，“十三五”时期，易地扶贫搬迁对象主要是居住在深山、石山、高寒、荒漠化、地方病多发等生存环境差、不具备基本发展条件，以及生态环境脆弱、限制或禁止开发地区的农村建档立卡贫困人口。建档立卡贫困人口成为易地扶贫搬迁工作的首要对象，搬迁对象的精准化成为当前易地扶贫搬迁的特色。

2. 易地扶贫搬迁的主要措施

（1）安置方式的多元化。

实施易地扶贫搬迁是实现贫困地区城镇化、公共资源服务均等化、农业现代化的重要途径。从易地扶贫搬迁工作开始实施至今，基本延续着三种安置方式，一是进县城进园区，二是乡镇安置，三是中心村安置。进县城进园区以及乡镇安置可称为城镇移民安置，这种方式将农村贫困人口集中安置在城镇，并配套医疗教育等资源，形成移民小区。城镇移民安置将移民搬迁与城乡一体化相结合，一步到位，在“拔穷根”的同时完成了“变市民”的过程，加快了城镇化进程。中心村安置依然在农村，不过会选择自然条件较好的地方。这种搬迁不会改变农户的生产

① 殷浩栋，王瑜，汪三贵. 易地扶贫搬迁户的识别：多维度贫困测度及分解. 中国人口资源与环境，2017（11）：104-114.

模式，对农户生产生活冲击较小，维持了其原有社区形态，农户在新的环境中不需要融入，可以稳定迅速地展开新生活，西部地区如四川等省以这种安置方式为主。

(2) 多种方式筹措资金。

以往的易地扶贫搬迁都是以财政资金为主，中央初步估算，“十三五”时期易地扶贫搬迁总投资约 6 000 亿元，完全由财政资金难以支撑易地扶贫搬迁的投资需求，为此，中央出台了相关政策，通过多渠道筹措解决搬迁资金。

一是中央预算内投资。国家发展改革委统筹安排，将中央预算内易地扶贫搬迁资金分年度下达地方，总规模约 800 亿元，年度平均规模 160 亿元，主要用于建档立卡贫困人口安置住房建设补助。

二是专项建设基金。由国家开发银行、农业发展银行向邮政储蓄银行定向发行专项建设债券筹集设立专项建设基金，总规模 500 亿元，以各地建档立卡贫困人口搬迁规模为依据，分省控制规模，以资本金形式注入省级投融资主体，专项用于支持易地扶贫搬迁安置住房、安置区配套基础设施和公共服务设施等建设，省级投融资主体负责偿还所注入的基金。

三是地方政府债务。各省根据地方政府债务结构，发行地方政府债券筹集资金，作为项目资本金注入省级投融资主体，总规模 1 000 亿元。目前，已有 12 个省份发行地方政府债券，其中大部分采取的是分批发债方式。

四是长期信贷资金。主要通过国家开发银行、中国农业发展银行发行政策性金融债券筹集，由承担易地扶贫搬迁任务的省级投融资主体负责承贷，总规模 3 500 亿元，中央财政对贷款给予 90%的贴息。2016 年，财政部、国务院扶贫办出台了《关于做好易地扶贫搬迁贷款财政贴息工作的通知》，明确提出中央财政对纳入易地扶贫搬迁规划的建档立卡贫困人口人均不超过 3.5 万元搬迁贷款的实际贷款发生额予以贴息。

五是贫困户自筹资金。由搬迁对象依据自身经济条件自筹解决，中央要求户均不超过 1 万元。对于鳏寡孤独残等特殊困难群体，可不要求住房建设自筹资金。贵州省的建档立卡贫困人口人均自筹 0.25 万元，同步搬迁的非建档立卡贫困人口人均自筹 1.05 万元，鳏寡孤独残等特困户由政府根据家庭实际人口统一提供相应的安置房免费居住，产权归政府所有。

（3）创新后续扶持政策。

易地扶贫搬迁既要“挪穷窝”，也要“换穷业”“拔穷根”，最终目的是通过彻底改善搬迁贫困群众生活居住环境和生产发展条件以实现稳定脱贫。以往易地扶贫搬迁的后续扶持方式较为单一，很难实现“稳得住、能发展”的目标，精准扶贫阶段的易地扶贫搬迁统筹搬迁安置与后续发展，并且出现了不少卓有成效的创新。

其一是资产收益扶持方式。广西将易地扶贫搬迁贫困人口的后续扶持与资产收益扶贫结合起来，具体措施有：一是将迁出地土地承包经营权、林权、宅基地使用权直接流转或折股量化到移民户，就地发展产业或物业经济。二是将移民安置点的商铺、厂房、停车场等营利性物业产权量化到移民户，推行物业合作社。三是将国家、自治区补助资金折股量化到移民户后，直接投入龙头企业、合作社或经济能人，移民按股分红，增加移民财产性收入。四是建立健全县、乡、村和就业用工单位四级信息网络，提供政策咨询、就业指导和职业介绍等服务，确保移民户至少有一人实现就业。五是探索建立失业金使用机制，盘活和运作失业金用于贴息贷款，提高失业补助标准，对移民给予小额信用贷款、助业贷款等金融扶持政策。

其二是特色产业扶持方式。这是易地扶贫搬迁最常用的扶持方式，各地利用当地的自然资源和条件开发特色产业，不再局限于农业产业。例如：重庆市将发展乡村旅游作为重要的扶贫方式，对全市 1 700 余个安置点每个补助特色产业资金 10 万元以上，对搬迁建档立卡贫困户发展乡村旅游和特色产业给予专项资金补助。安徽省把促进易地搬迁的贫困人口就业创业和推进小城镇建设紧密结合起来，支持发展农产品加工、休闲农业、乡村旅游、农村服务业等劳动密集型产业，创造更多就业岗位。河南省依托旅游景区及周边安置区，大力发展乡村旅游，实现农民下山、游客进山。

(四) 教育扶贫

文化程度低历来是主要致贫因素，教育也被认为是阻断贫困代际传递的重要途径。根据建档立卡的数据分析，在全国层面，有22.4%的贫困农户因缺技术致贫，由此可见教育培训在扶贫中的重要性。以“雨露计划”为核心的教育扶贫措施已经实施多年，在精准扶贫阶段，教育扶贫的重要性被不断加强。2013年7月，多部门联合下发了《关于实施教育扶贫工程的意见》，其中明确提出“把教育扶贫作为扶贫攻坚的优先任务”[①]。2013年12月，中共中央办公厅、国务院办公厅发布的《关于创新机制扎实推进农村扶贫开发工作的意见》对中国教育扶贫做出了战略创新部署，其中要求全面实施教育扶贫工程，科学布局贫困地区基础教育、职业教育培训，大力发展现代职业教育，办好一批中、高等职业学校，支持一批特色优势专业，培育当地产业发展需要的技术技能人才。要求全国高校招生指标要向贫困地区倾斜，完善职业教育对口支援机制，东部高校要对口支援贫困地区人才培养计划，实施中等职业教育协作计划，支持贫困地区初中毕业生跨地区接受职业教育等系列教育扶贫举措。2015年，中央扶贫开发工作会议通过的《中共中央　国务院关于打赢脱贫攻坚战的决定》，提出要着力加强教育脱贫，实施教育扶贫工程，将“发展教育脱贫一批”作为五大精准扶贫、精准脱贫的重要途径之一。至此，教育扶贫成为国家精准扶贫战略的重要组成部分，成为促进贫困地区和贫困家庭彻底摆脱贫困的治本之策。

1. 教育精准扶贫的概念

教育扶贫，是指针对贫困地区的贫困人口进行教育投入和教育资助，使贫困人口掌握脱贫致富的知识和技能，通过提高当地人口的科学

---

① 刘军豪，许锋华. 教育扶贫：从“扶教育之贫”到“依靠教育扶贫”. 中国人民大学教育学刊，2016 (2)：44-53.

文化素质以促进收入的增长，并最终摆脱贫困的一种扶贫方式。教育扶贫的内涵随着经济社会的发展而逐步扩展，从中国教育扶贫政策的演变来看，教育扶贫已经从普及初等教育和扫除农村青壮年文盲，逐步扩展到涵盖基础教育、职业教育、高等教育和继续教育等多层次、多类型教育在内的政策体系①。治穷先治愚，扶贫先扶智，实施精准教育扶贫，保证每一个贫困家庭孩子都能掌握一技之长，都能享受优质教育资源，是从根本上实现贫困人口脱贫致富、遏制贫困代际传递的重要途径②。

2. 教育精准扶贫的主要内容

(1) 精准实施幼儿园帮扶计划。

全面加强贫困地区基础教育，提高基础教育普及程度和办学质量。具体措施是通过财政补助推动贫困地区公办幼儿园的全覆盖。通过改善办园条件、支付租金、改善教师待遇、开展教师培训等方式支持贫困地区多元普惠性幼儿园发展，提高贫困地区普惠性学前教育资源覆盖率，确保贫困地区儿童有机会接受一定质量的学前教育。截至 2014 年底，中西部地区幼儿园数量比 2009 年增长 77%，是东部地区增速的 4 倍；中西部地区在园幼儿数量比 2009 年增长 65%，是东部地区增速的 2 倍③。例如，广西壮族自治区实施二期学前教育三年行动计划，在每个贫困县的城区建设 1～2 所公办幼儿园，在每个具备建设条件的乡镇建设 1 所乡镇公办中心幼儿园，根据建设规模分别给予每所 200 万～600 万元不等的补助，基本实现贫困地区公办乡镇中心幼儿园全覆盖，指导贫困地区进一步完善多元普惠性幼儿园布局规划，重点培育一批多元普惠性幼儿园，在贫困地区共计建成多元普惠性幼儿园 1 290 所。

(2) 精准实施义务教育薄弱学校帮扶。

帮助贫困地区学校改善基本办学和生活条件，让贫困地区少儿享

---

① 钟慧笑. 教育扶贫是最有效、最直接的精准扶贫：访中国教育学会会长钟秉林. 中国民族教育，2016 (5)：22-24.

② 王嘉毅，封清云，张金. 教育与精准扶贫精准脱贫. 教育研究，2016 (7)：12-21.

③ http://www.cctf.org.cn/cljh/index.html.

受到更加公平的优质教育。多部门联合精准实施“全面改薄”工程，对贫困地区每所中小学校进行摸底排查，按照“一校一册”“一校一图”科学编制学校建设规划，准确建立每所薄弱学校的需求清单和建设台账。通过统筹“全面改薄”等教育专项资金，重点向贫困地区倾斜投入，解决“大通铺”“大班额”问题，进一步完善贫困地区的村小学和教学点。2001—2005 年，中央安排了 90 亿元专项资金，在全国 6 万多所农村学校实施了“中小学危房改造工程”。财政部又启动了“农村寄宿制学校建设工程”。2004—2007 年，中央安排了 100 亿元专项资金用于“农村寄宿制学校建设工程”。2014—2015 年，中央和地方财政共投入 1 440 多亿元，全面改善贫困地区义务教育薄弱学校的基本办学条件，惠及 3 000 多万名农村贫困学生。

（3）精准实施高中阶段教育帮扶。

帮助贫困地区加快普及高中阶段教育，进一步提高贫困地区劳动者素质。通过统筹各级各类普通高中建设项目资金，重点支持贫困县新建、改扩建一批普通高中学校，提高普通高中阶段教育普及率，解决办学条件差、经费投入不足、师资队伍不稳定的问题。例如，广西壮族自治区实施教育精准脱贫专项行动，面向贫困地区招收建档立卡贫困家庭的初中毕业生，每市选择 1～3 所自治区示范性普通高中面向全区或全市招收 50～150 名优秀建档立卡初中毕业生，编入“教育圆梦班”，实行统一管理，明确要求建档立卡贫困生 100%升入高中阶段学校就读，满足贫困地区学生的入学需求①。

（4）精准实施职业教育帮扶。

围绕特色优势产业和基本公共服务需求，帮助贫困地区加快发展现代职业教育，提高贫困地区人口素质和就业能力，充分发挥职业教育在扶贫富民中的中坚作用，解决贫困地区发展“造血机制”不足的问题。例如：贵州省实施全覆盖高精准职教脱贫项目，联合教育、人社、扶贫部门挑选 100 所职业院校挂牌建设扶贫基地，以进村入户培训、工学结

---

① 数据由广西壮族自治区扶贫开发办公室提供。

合、订单培养等培训模式，对全省 120 万建档立卡贫困户实行“1 户 1 人 1 技能”职业教育帮扶[①]。甘肃省通过扩大职业教育办学规模，推进职业教育资源进一步向贫困地区、贫困家庭倾斜，确保贫困家庭的适龄学生能够进入职业院校，并且掌握一定的专业技能。甘肃省一方面加大职业教育免费力度，提高中职助学金标准，每年有约 8 万名贫困家庭中职学生和约 4.6 万名贫困家庭高职（专科）学生接受免费职业教育；另一方面打通中高职有机衔接的上升通道，面向就读中职的贫困家庭学生加大高职单独招生和注册入学的比例，实现贫困县（市、区）中等职业学校贫困家庭毕业生接受专科层次职业教育比例不低于 40%[②]。

（5）精准实施高等教育帮扶。

一方面，加大贫困地区高校招生倾斜力度，建立保障农村和贫困地区学生上重点大学的长效机制，实施农村贫困地区定向招生专项计划、农村学生单独招生、地方重点高校招收农村学生专项计划，增加贫困地区学生高等教育入学机会。2012—2015 年，面向贫困地区定向招生专项计划共录取 18.3 万人，贫困地区农村学生上重点高校人数近两年来连续增长 10%以上。另一方面，提高贫困地区高等教育质量，具体措施包括支持贫困地区高校开展优势特色学科专业及相关平台建设，加大对贫困地区高校引进高层次人才的支持力度，帮助贫困地区提升人才培养和科技创新水平，充分发挥高等教育在扶智富民中的作用。截至 2015 年 5 月，对口的支援西部地区高校发展到 100 所，受援高校为 75 所，涉及 18 个省份[③]。

（6）精准实施特殊教育帮扶。

完善贫困地区特殊教育体系主要包括两个部分：一是推进贫困地区特殊教育学校建设；二是完善特殊教育经费保障机制，使贫困地区残疾儿童接受合适的教育。例如，广西壮族自治区对未入学残疾儿童进行上

---

① 数据来源于贵州省政府办公厅印发的《贵州省创新职教培训扶贫“1 户 1 人”三年行动计划（2015—2017 年）》。

② 数据来源于《甘肃省教育厅　省扶贫办关于精准扶贫教育支持计划的实施方案》。

③ 治贫先治愚、扶贫必扶智：20 项惠民政策织密教育扶贫网．中国教育报．2015-10-16.

门入户大排查，根据残疾程度采取适当的方式解决残疾儿童接受义务教育问题，做到“一人一案”，并落实义务教育阶段特殊教育学校和随班就读残疾学生的公用经费财政拨款标准达到每人每年6 000 元[①]。

(7) 精准实施学生学业帮扶。

学业帮扶主要从以下三个方面入手：一是稳步推进贫困地区学生营养改善计划，加快贫困地区学校伙房或食堂等生活配套设施的建设，提高学生的营养健康水平；二是健全贫困地区学生资助政策，完善贫困地区义务教育家庭经济困难寄宿生生活费补助政策，免除建档立卡贫困户幼儿入园和普通高中的学杂费，并对家庭经济困难学生提供生活补助；三是完善职业教育资助政策，实施好对贫困地区中等职业学校符合条件的学生按国家规定实行免学费和给予国家助学金补助的政策。例如，广西壮族自治区对于建档立卡贫困户子女上学，实行应助尽助，帮助贫困地区学生无障碍上学。另外为实现对建档立卡贫困户在学子女享受资助情况的精准管理和全程跟踪，开发了“全区精准扶贫学生资助管理信息系统”，与建档立卡贫困人口数据库进行多轮数据对比，形成了完整有效的全区农村建档立卡贫困户子女就读信息数据库。

(8) 精准实施教师队伍帮扶。

贫困地区师资力量薄弱，为此，政府强化了对贫困地区教师队伍培养的政策支持，加大贫困县农村义务教育阶段学校教师特设岗位计划支持力度，向贫困县乡村义务教育学校教师发放生活补助，帮助贫困地区培养造就“下得去、留得住、教得好”的好老师，为贫困地区教育发展提供坚实的保障。例如，甘肃省对贫困县的乡村学校教师在职称评聘、培训进修、评优提职等方面进行倾斜。鼓励退休教师到贫困地区乡村幼儿园、中小学开展支教。每年选派 400 名省内高校优秀大学生以“顶岗实习”形式赴藏区开展为期半年的双语教学支教活动。每年选派 200 名城市中小学校长，到贫困地区农村学校开展不少于一学期的挂职。每年选派 1 400 名城市优秀教师，到边远贫困地区、民族地区和革命老区农

① 数据来源于广西壮族自治区人民政府办公厅印发的《脱贫攻坚教育帮扶实施方案》。

村学校，开展不少于一年的支教，保证城乡教师、校长合理流动。

（9）精准实施劳动力就业培训。

劳动力就业培训以“雨露计划”为基础，帮扶的对象主要有两个群体：其一，在职业技能学历教育方面，以贫困户“两后生”为主要对象，通过中等职业学校和技工学校学历教育，培养持有中等职业教育学历证书和国家职业资格证书的“双证”型技术技能人才。其二，在职业培训方面，将一部分有劳动能力的贫困人口纳入职业培训补贴对象范围，使其接受非农就业的短期技能培训。对于从事农业生产、经营和服务的贫困劳动力，则围绕种植、养殖、农产品加工等重点产业，开展生产经营型、专业技能型和社会服务型等培训，使其逐渐转变为新型职业农民。

（五）社会保障兜底

中国农村社会保障制度的发展一直滞后于城市社会保障制度。早期政府对农民实施的社会保障主要立足于农民自我保障，改革开放之后则打破了相对封闭的自我保障体系。具体而言，在计划经济时期，土地公有制和人民公社体制的建立，形成了集体经济的主导地位，从而形成了农村集体保障，主要是“五保户”救济、救灾救济、合作医疗。由于经济水平很低，当时的保障水平只是最低限度的生存保障，与城镇保障水平相差极大。自改革开放以来，家庭联产承包责任制瓦解了农村集体经济，动摇了传统的农村社会保障的经济基础。农村的深度改革催生了新型的农村低保、养老保险、合作医疗制度等社会保障措施，逐步形成了独立于家庭经济之外的农村社会保障系统。此前，农村社会保障体系并没有对贫困人口给予特殊照顾，而且扶贫开发政策主要针对的是“在扶贫标准以下具备劳动能力的农村人口”，还有大量部分或全部丧失劳动能力的贫困人口无法通过扶贫开发增加收入摆脱贫困。在这种背景下，习近平总书记在2015年召开的中央扶贫开发工作会议上提出“社会保障兜底一批”，将社会保障列为实施精准扶贫的重要方略之一。社会保障兜底扶贫主要包括两个方面，一是农村最低生活保障制度，二是“三留守”和残疾人员关爱政策。

1. 社会保障兜底的概念

社会保障兜底重点救助的对象是因病残、年老体弱、丧失劳动能力以及生存条件恶劣等原因造成常年生活困难的农村居民。毕竟对于完全或部分丧失劳动能力的贫困人口而言，依靠自身努力很难如期脱贫，只有通过社会保障给予直接的补助，才能帮助他们脱贫[①]。

2. 社会保障兜底的主要措施

(1) 农村低保与精准扶贫相衔接。

以往农村低保与扶贫的对象并不完全重合，在精准扶贫战略提出之后，各地探索了两项制度（农村低保制度与精准扶贫制度）的衔接：一是扶持标准的衔接，二是帮扶对象的衔接。

首先来看扶持标准的衔接。目前，大部分的贫困地区的低保标准低于贫困线，农村最低生活保障标准是按照农村居民基本生活费用支出所制定的，未达到国家扶贫标准的省（区、市）正在加大省级财政统筹力度，逐年提高农村低保标准，到 2020 年达到贫困标准。对于达到国家扶贫标准的省份，中央要求其按照量化调整机制科学调整，建立社会救助和保障标准与物价上涨挂钩联动机制，确保不低于根据物价指数等因素按年度动态调整后的国家扶贫标准。贵州省黔西南州的农村低保标准在 2016 年达到 3 076 元，已经高于扶贫标准，现阶段的工作就是跟踪调整低保标准，保证贫困群众基本生活水平不降低。河北省的《关于发布全省农村最低生活保障标准调整预警信息的通知》要求各地将扶贫线和低保线“两线合一”，通过适当调整标准，将低保标准提高到扶贫标准以上，并实行动态管理，始终保持低保标准高于扶贫标准。

其次来看帮扶对象的衔接。一是实行分类管理。通过家庭经济收

① 汪三贵，殷浩栋，王瑜. 中国扶贫开发的实践、挑战与政策展望. 华南师范大学学报（社会科学版），2017 (4)：18-25.

入调查，按照精准扶贫对象和农村低保对象识别工作要求分别建档立卡。凡家庭人均纯收入低于农村扶贫标准的家庭，纳入建档立卡贫困户，凡家庭人均纯收入低于农村低保标准的家庭，纳入农村低保范围。贵州省黔西南州对符合纳入农村低保范围的家庭分为三类：第一类是长期保障户，主要指农村“五保户”及农村鳏寡孤独等无劳动能力、无生活来源群体。第二类是重点保障户，主要指因残疾、呆、傻、痴、重病、灾害等因素丧失劳动能力，导致家庭生活困难的贫困群体。第三类是一般保障户，指因自然条件差、生存环境恶劣、缺少生产资料及因灾因病、懒惰等原因造成生活困难的、具有劳动能力的农村贫困家庭。通过分类识别、认定，实现贫困人口与农村低保的长期保障户、重点保障户基本统一、有效衔接。二是实施精准动态管理。广西壮族自治区以“五关两公示”严格规范低保审核审批程序，即群众申请关、入户调查关、民主评议关、公示监督关、审核确认关，审核结果公示以及审批结果公示。同时对于已经被识别为贫困人口的低保对象，继续纳入低保范围；对于被识别为不是贫困人口的低保对象，以及被识别为贫困人口但还没有纳入低保范围的对象，严格按照低保对象的认定标准，全部进行复核复审，凡是符合低保条件的贫困人口全部纳入保障范围，不符合条件的对象全部清退，实现“应保尽保，应退尽退”①。贵州省对于农村低保对象的确定按照“三环节”（申请核评环节、审核环节、审批环节）、“十步骤”（申请受理、调查核实、民主评困、一榜公示、乡或镇农村低保经办机构审查、乡或镇人民政府审核、二榜公示、县级人民政府民政部门审批、三榜公示、待遇批准）的程序进行。

（2）“三留守”和残疾人员关爱政策。

如今贫困村青壮年劳动力大量外流，村内丧失劳动能力和劳动能力较弱的“留守”人员多，“留守贫困人口”的脱贫问题和村级治理能力

---

① 数据来源于广西壮族自治区人民政府办公厅印发的《脱贫攻坚贫困人口最低生活保障实施方案》。

建设成为扶贫工作的难点。在精准扶贫战略提出之后，各地出台了一系列的政策措施，加强了对留守人员和残疾人员的帮扶。

（3）建立农村留守儿童关爱制度。

具体措施包括开展留守儿童心理辅导和行为矫正，降低留守儿童心理行为问题发生率和儿童精神疾病患病率。在贫困村建设为儿童及其家庭提供游戏、娱乐、教育、卫生、社会心理支持和转介等服务的“儿童之家”。一些地区组织乡村干部、农村党员和青年志愿者、社会组织对留守儿童进行结对关爱服务，定期开展围绕学业辅导、亲情陪伴、自护教育等关爱帮扶活动。

（4）建立农村留守老人关爱制度。

各省市县一方面加大对“农村幸福院”等农村互助型养老服务设施的投入力度和运营保障，满足农村留守老人日间照料、文化娱乐等方面的需求；另一方面组建关爱农村家庭互助队伍，积极发动社会组织、社工参与关爱农村留守老人工作，及时为农村留守老人提供必要的帮助和关怀。

（5）建立农村留守妇女关爱制度。

一些留守妇女集中的地区通过大力发展优势特色产业，加大就业创业扶持，提供技能培训、项目开发、税费减免、贷款贴息、跟踪指导等资金、技术支持，吸纳带动留守妇女创业就业，提高她们的经济收入。同时，多部门建立了合作机制，针对留守妇女遭遇性骚扰、家庭暴力等问题加大了预防、救助力度，并加大对拐卖妇女犯罪行为的打击力度，加强被解救妇女身心康复和回归社会的工作。

（6）建立残疾人关爱制度。

各地出台相关文件，加大了对残疾人的帮扶力度。广西通过推进“党员扶残温暖同行”、农村残疾人扶贫基地、农村贫困残疾人实用技术培训、“阳光家园计划”、残疾人居家无障碍改造、贫困成人残障者康复等六项工程建设，帮扶贫困残疾人脱贫致富。有的省份对符合低保、医疗救助、临时救助条件的残疾人都纳入相应的保障范围，并对重度残疾人和贫困残疾人参加基本养老保险和基本医疗保险给予保费补贴，优先保障残疾人基本住房。

（六）全面实施健康扶贫工程

健康与贫困有密切的关联。根据全国建档立卡贫困人口数据分析，因病致贫、因病返贫贫困户有 1256 万户，占建档立卡贫困户总数的 42.1%[①]。因病致贫成为各地区最主要的致贫原因，也成为精准脱贫的一大难点。中国始终将改善贫困地区医疗卫生条件、保障贫困人口获得优质的医疗资源作为扶贫工作重要内容和基本手段。2016 年 4 月，国家卫计委印发《关于开展建档立卡农村贫困人口因病致贫因病返贫调查工作的通知》，要求各地开展精准扶贫建档立卡贫困人口"因病致贫、因病返贫"调查工作，为健康扶贫各项政策的全面实施打好基础。2016 年 6 月 8 日，国务院常务会议部署实施健康扶贫工程，补上贫困地区医疗服务"短板"，解决农村贫困人口因病致贫和返贫问题，为此提出了"减轻农村贫困人口医疗负担""对患大病和慢性病的农村贫困人口进行分类救治"等五项举措。同年 6 月，15 个部门联合发布《关于实施健康扶贫工程的指导意见》，对健康扶贫工程的实施做出了指导性的制度安排，进一步明确了实施健康扶贫工程的总体要求、重点任务和保障措施，为因病致贫的贫困人口精准脱贫提供了政策保障。

1. 健康扶贫的概念

《中共中央　国务院关于打赢脱贫攻坚战的决定》明确提出，要开展医疗保险和医疗救助脱贫，实施健康扶贫工程，保障农村贫困人口享有基本医疗卫生服务，努力防止因病致贫、因病返贫。健康扶贫工程的核心就是要让贫困地区农村的贫困人口"看得起病、看得好病、看得上病、少生病"。

---

① 中国人民大学反贫困问题研究中心. 全国扶贫开发建档立卡数据分析研究报告. 2015.

2. 健康扶贫的主要措施

（1）提高农村贫困人口医疗保障水平。

第一，加快完善基本医保制度，对农村贫困人口实行政策倾斜。各地基本实现新型农村合作医疗和大病保险制度覆盖所有建档立卡贫困人口并实行政策倾斜。财政补贴新农合个人缴费部分，新农合门诊统筹覆盖所有贫困地区。各地正在逐步降低大病保险起付线、提高大病保险报销比例等，实施更加精准的支付政策。2016 年初，国务院发布《关于整合城乡居民基本医疗保险制度的意见》，要求整合城乡居民基本医保制度，财政补助由每人每年 380 元提高到 420 元。基本公共卫生服务经费财政补助从人均 40 元提高到 45 元，促进医疗资源向基层和农村流动①。另外，加大了农村贫困残疾人康复服务和医疗救助力度，逐步扩大纳入基本医疗保险范围的残疾人康复项目。例如，广西对贫困人口的大病费用实际补偿比例提高到 70%左右。湖北省红安县通过政府购买医疗救助补充保险等方式，将农村贫困人口医疗费用实际报销比例提高到 90%以上，个人支付费用一年累计不超过 5 000 元。当自费累计超过 5 000 元时，超过部分由定点医疗机构垫付，再由保险公司赔付。这项兜底保障政策，有效解决了因病致贫、因病返贫的看不起病问题。

第二，加大医疗救助、临时救助力度。2015 年，民政部等部门发布《关于进一步完善医疗救助制度　全面开展重特大疾病医疗救助工作的意见》，将农村贫困人口全部纳入重特大疾病医疗救助范围，进一步减轻贫困患者大病造成的负担。2016 年中央财政安排城乡医疗救助补助资金 160 亿元，增长 9.6%②。对突发重大疾病暂时无法得到家庭支持、基本生活陷入困境的患者，加大临时救助帮扶力度，积极发动慈善组织等社会力量进行救助。同时，搭建政府救助资源、社会组织救助项目与农村贫困人口救治需求对接的信息平台，引导、支持慈善组织、企事业单位和爱心人士等为患大病的贫困人口提供慈善救助。

①② 王培安. 全面实施健康扶贫工程. 行政管理改革，2016（4）：36-41.

（2）控制农村贫困人口大病医疗费用。

第一，实行县域内农村贫困人口住院先诊疗后付费。各地的定点医疗机构设立了综合服务窗口，实现基本医疗保险、大病保险、疾病应急救助、医疗救助“一站式”信息交换和即时结算，贫困患者只需在出院时支付自付医疗费用。例如，湖北省红安县推行入院不缴费、报账一站式、就诊直通车等举措，有效减轻了农村贫困人口的看病就医负担。扶贫对象到定点医院就诊，只需提供身份证和精准扶贫医疗救助证，并与定点医院签订协议即可入院诊疗，无须缴纳入院押金。在出院时只需要在定点医院的精准扶贫医疗救助服务窗口出示精准扶贫医疗救助证、红安县新型农村合作医疗证和身份证，一次性结清自付即可。红安县在省、县、乡三级定点医疗机构均建立绿色通道，扶贫对象到医院就诊直接进入就医绿色专用通道，省、县、乡三级医疗机构之间实行双向转诊、分级诊疗、无缝对接。

第二，推进分级诊疗制度，加大医保控费力度。分级诊疗制度的目的在于提高县、乡两级的医疗水平，具体措施包括加强贫困地区县域内常见病、多发病相关专业和有关临床专科建设，同时探索通过县乡村一体化医疗联合体等方式，提高基层服务能力，发展目标是到2020年使县域内就诊率提高到90%左右，基本实现大病不出县。在控制贫困人口治疗费用方面，各地逐步推进医疗支付方式改革，强化基金预算管理，完善按病种、按人头、按床日付费等多种方式相结合的复合型支付方式，有效控制了医疗费用。

（3）对贫困人口大病和慢性病进行分类救治。

第一，核准因病致贫、因病返贫家庭数及患病人员情况。分类救治的前提是摸清底数，其政策措施是以县为单位，依靠基层卫生计生服务网络，核准农村贫困人口中因病致贫、因病返贫家庭数及患病人员情况，建立农村贫困人口因病致贫、因病返贫管理数据库，实行动态管理。

第二，建立贫困人口健康卡并实行签约服务。仿效贫困识别的建档立卡工作，为每个贫困人口建立一份动态管理的电子健康档案，建立贫困人口健康卡。同时推动基层医疗卫生机构为农村贫困人口家庭提供基本医疗、公共卫生和健康管理等签约服务。例如，广西为贫困人口每人建立一份动态管理的电子健康档案和一张健康卡，每个家庭均有一名乡村医生或乡镇卫生院医生签约服务，提供基本公共卫生和基本医疗服务，加强健康管理。

第三，对需要治疗的大病和慢性病患者实行分类救治。根据贫困人口的患病情况，对大病和慢性病贫困患者实施分类治疗。能一次性治愈的，如白内障、小儿先心病等，组织专家集中力量实施治疗。对于一些疾病负担较重、社会影响较大、疗效确切的大病进行集中救治，制订诊疗方案，明确临床路径，控制治疗费用，减轻贫困大病患者费用负担。需要住院维持治疗的，如尿毒症等，由就近具备能力的医疗机构实施治疗。需要长期治疗和康复的，如高血压等，由基层医疗卫生机构在上级医疗机构指导下实施治疗和康复管理。

（4）提高贫困人口的健康水平。

第一，加大对贫困地区传染病、地方病、慢性病的防控力度。各地根据病种实施不同的防控措施。例如，对于肿瘤病的防治是加强随访登记及死因监测，扩大癌症筛查和早诊早治覆盖面。对于精神障碍患者，则在筛查登记之余，加强了救治救助和服务管理。对于碘缺乏病，则采取政府补贴运销费用或补贴消费者等方式，让农村贫困人口吃得上、吃得起合格碘盐，继续保持消除碘缺乏病状态。地方病的防治更具有特殊性，例如氟、砷超标的地区，重点在于建设降氟降砷改水工程，目前已经基本控制地方性氟、砷中毒危害。大骨节病和克山病等重点地方病经过多年的防治已得到有效的控制。在传染病防治方面，加大了人畜共患病的防治力度，基本控制了西部农牧区棘球蚴病流行，有效遏制了布病流行。另外，加强了对结核病疫情严重的贫困地区防治工作的业务指导和技术支持，开展重点人群结核病主动筛查，规范诊疗服务和全程管理，进一步降低贫困地区结核病发病率。在艾滋病疫情严重的贫困地区建立防治联系点，加大防控工作力度。例如，四川凉山州是艾滋病高发地区，凉山州昭觉县建立了艾滋病感染者管理治疗“一站式”服务模式，医疗机构与疾病预防控制机构工作实现无缝对接，运用“互联网+”抗病毒治疗信息管理系统，实行医生诊疗全程质控，优化检测治疗流程，提高治疗成功率。

第二，加强贫困地区妇幼健康工作。在贫困地区全面实施免费孕前优生健康检查、农村妇女增补叶酸预防神经管缺陷、农村妇女“两癌”（乳腺癌和宫颈癌）筛查、儿童营养改善、新生儿疾病筛查等项目，推进出生缺陷综合防治。建立残疾儿童康复救助制度，逐步使0～6岁视力、听力、言语、智力、肢体残疾儿童和孤独症儿童免费得到手术、辅助器具配置和康复训练等服务。加强贫困地区孕产妇和新生儿急、危重症救治能力建设，加强农村妇女孕产期保健，保障母婴安全。加大对贫困地区计划生育工作的支持力度，坚持和完善计划生育目标管理责任制，加大对计划生育特殊困难家庭的扶助力度。

第三，深入开展贫困地区爱国卫生运动。加强卫生城镇创建活动，持续深入开展环境卫生整洁行动，统筹治理贫困地区环境卫生问题，开展贫困地区农村人居环境改善行动，有效提升贫困地区人居环境质量。将农村改厕与农村危房改造项目相结合，加快农村卫生厕所建设进程。加强农村饮用水和环境卫生监测、调查与评估，实施农村饮水安全巩固提升工程，推进农村垃圾污水治理，大气污染、地表水环境污染和噪声污染综合治理。加强健康促进和健康教育工作，广泛宣传居民健康素养基本知识和技能，提升农村贫困人口健康意识，使其形成良好卫生习惯和健康生活方式。

（七）金融扶贫

自2003年始，中央推动农村金融组织体系改革，取得了一系列成效，农村金融体系不断完善，涉农贷款投放不断增加，金融市场支持力度显著增强。与此同时，近年来中国金融扶贫也进行了一系列的实践和探索，取得了一些阶段性成果，金融扶贫政策体系不断建立健全。在2015年中央扶贫开发工作会议上，习近平总书记明确提出“要做好金融扶贫这篇文章，加快农村金融改革创新步伐”。如今各地区、各金融机构积极探索金融扶贫的有效模式，形成了一批可复制可推广的经验和做法，贫困地区金融组织体系不断健全，信贷投放增长加快，金融基础设施逐步完善，金融生态环境持续优化。

1. 金融扶贫的概念

狭义的金融扶贫是指金融机构为贫困地区、贫困农户提供信贷资金支持。金融扶贫伴随着农村金融改革，其内涵不断深化。参与主体由银行业扩展到券商、保险机构、信托机构、风险投资基金等新型金融机构，甚至区域商品交易市场、区域股权市场等也被纳入金融扶贫的主体[①]。金融扶贫产品由扶贫贷款贴息发展到风险奖补、担保抵押体系、农业保险、扶贫产业发展基金、地方债券等多种产品。

2. 金融扶贫的主要措施

（1）健全贫困地区金融组织体系。

多元化的组织体系是金融扶贫的基础。金融机构通过发挥各自比较优势，形成功能互补、分工协作的支持合力，为扶贫开发工作提供了全方位的金融服务。国家开发银行成立扶贫金融事业部，通过精准支持措施、精准管理手段、精准信贷服务缓解贫困地区发展的资金瓶颈制约，为打赢脱贫攻坚战提供有力的支撑和保障。农业发展银行也进一步加大对农村基础设施和农业发展的信贷支持。县域国有商业银行的信贷资源配置力度得以加大，使之能够满足涉农大客户的信贷需求。根植于农村社区的农村信用社重点在于支持新型家庭经营主体，以发挥支农主力军的作用。为了推进参与主体的多元化，政府逐步放宽新型农村金融机构的准入条件，支持鼓励民间资本设立面向农村的村镇银行、资金互助社、小额贷款公司、融资性担保公司。并且鼓励政策性银行、商业银行以入股或者批发贷款的形式支持新型农村金融机构为扶贫龙头企业、专

① 吴义能，叶永刚，吴凤. 我国金融扶贫的困境与对策. 统计与决策，2016（9）：176-178.

业合作社和贫困户提供金融服务。

(2) 促进贫困地区金融资源回流。

贫困地区金融资源外流，金融供给不足一直是制约贫困地区金融扶贫的重要因素。政府出台了相关政策，强化了以贷存比为主要内容的县域金融考核体系，对在县域吸收存款的金融机构，制定明确的提高贷存比目标，引导存款向贷存比高、支农力度大的金融机构流动，探索“存贷挂钩、以存引贷”的金融资源管理模式。银行业金融机构响应政策的号召，单列扶贫产业信贷计划。中国农业银行“三农金融事业部”对涉农贷款投放较多的县域实行比中国农业银行低 2 个百分点的存款准备金率，县域农村商业银行、农村信用社比大中型商业金融机构的存款准备金率分别低 4.5 和 7.5 个百分点①。为了加大贫困地区的金融供给，一方面设立扶贫再贷款，针对带动建档立卡贫困户脱贫的企业和合作组织等，实行比支农再贷款更优惠的利率，重点支持贫困地区发展特色产业和贫困人口就业创业；另一方面由国家开发银行和中国农业发展银行发行政策性金融债，按照微利或保本的原则发放长期贷款，中央财政给予 90%的贷款贴息，专项用于易地扶贫搬迁，“十三五”期间，将发行 3 500 亿元左右用于扶贫搬迁。

(3) 发展扶贫小额信贷。

扶贫小额信贷是金融机构为扶持有贷款意愿、有就业创业潜质、技能素质和一定还款能力的建档立卡贫困户发展生产或提高自我发展能力而发放的、财政专项扶贫资金给予贴息支持的数额较小的贷款。新一轮扶贫攻坚以来，中央出台了一系列政策，加大对扶贫小额贷款的财政资金贴息力度，提高贴息标准，并延长贴息年限。2014 年底，国务院扶贫办、财政部、中国人民银行、银监会和保监会 5 个部门印发《关于创新发展扶贫小额信贷的指导意见》，为建档立卡贫困户提供“5 万元以下、期限 3 年以内”的扶贫小额信贷产品，截至 2015 年底，已向贫困户发放资金 1 200 亿元。

---

① 陆磊. 金融扶贫的发展理念、政策措施及展望. 武汉金融，2016 (7)：4-6.

（4）逐步完善金融基础设施。

各地采取了一系列措施，加强了贫困地区支付体系建设，如实施“金融服务进村入社区工程”，大力推广的“农金村办”模式，推动结算账户、支付工具、支付清算网络的应用。同时在贫困地区的行政村建立“三农金融服务室”，在辖区加强开展相关金融知识、金融产品的宣传培训推介工作，协助有关金融部门和金融机构为农户提供基本的金融服务，打通贫困地区农村金融服务“最后一公里”。推进“阳光信贷工程”，实行办贷过程阳光化、透明化，简化信贷审批手续，提高信贷服务效率。

（5）开展信用体系建设。

贫困地区在金融扶贫的政策指导下，逐步完善了县、乡、村三级信用体系。金融机构把扶贫龙头企业和农民专业合作社全部纳入信用评定范围，将信用评定结果与对经营主体的贷款授信结合起来。对于其中条件较好的农民专业合作社，根据其生产经营规模、成员户数以及整体偿债能力等，对合作社及其成员进行综合授信。对评级授信的龙头企业、合作社和系统自动评分等级较高的贫困农户，在同等条件下享受贷款优先、利率优惠、额度放宽、手续简化的待遇。截至2015年末，中国已为1.59亿农户建立了信用档案，其中1.12亿农户进行了信用评定，总计9 589万农户获得贷款支持，贷款余额2.47万亿元①。广西以农村信用社为开发主体，持续开展信用户、信用村、信用乡镇、信用县的“农村信用四级联创”工作，农村信用环境不断改善。其做法主要为：一是开展农户的信用等级评定。完善农户信用等级评定模型，在全区开展农户信用信息采集，并进行动态管理，农户评级实行每两年更新一次。信用农户凭贷款证到农合机构申请、办理、发放贷款，最短仅需10分钟，信用贷款最高额度从以前的1万元提高至10万元，农户贷款满足率超过95%。针对贫困户评级授信级别低的问题，广西农信社以新评

① 吴义能，叶永刚，吴凤．我国金融扶贫的困境与对策．统计与决策，2016（9）：176-178.

级指标对贫困农户进行信用评定和授信，以此缓解贫困农户难评上信用户的问题。二是建立农户信用信息系统。根据人文地理、经济状况等，建成了系统开放兼容、指标设计合理、参数权威科学、功能兼容齐全、评级自动高效的综合性农户信用信息采集和评价系统，有效解决了农户信息不对称、评分标准不统一、评级结果不权威、信息不共享等难题。

(6) 建立健全金融扶贫风险分散机制。

金融扶贫风险分散机制是做好精准扶贫金融服务的保障。一是发挥存款保险制度的积极作用，当个别金融机构经营出现问题时，使用存款保险基金依法对存款人进行及时偿付，保障存款人权益。二是健全农村担保体系，建立健全农村信用担保基金，鼓励有条件的地方设立政府性担保基金，规范政府出资的担保公司发展。三是创新精准扶贫保险产品和服务。例如，发展特色农产品保险，开展特色农产品价格保险，改进和推广小额贷款保证保险，全面推进贫困地区人身和财产安全保险业务，建立巨灾保险等。四是优化贫困地区金融生态环境，减少对金融微观活动的干预、加强地方社会信用体系建设、开展金融消费者教育活动、打击非法集资非法经营证券业务等违法违规金融活动。

(八) 生态扶贫

党的十八大以来，建设生态文明、保护生态环境的观念不断增强。2014 年 3 月，习近平总书记在谈到生态环境保护和发展的关系时指出：正确处理好生态环境保护和发展的关系，是实现可持续发展的内在要求，也是推进现代化建设的重大原则。绿水青山和金山银山绝不是对立的，关键在人，关键在思路。保护生态环境就是保护生产力，改善生态环境就是发展生产力。让绿水青山充分发挥经济社会效益，不是要把它破坏了，而是要把它保护得更好。全国共有 14 个连片特困地区，592 个国家扶贫开发工作重点县，12.8 万个贫困村，2 948.5 万个贫困户和

5 575 万贫困人口①。据统计，95%的贫困人口和大多数贫困地区分布在生态环境脆弱、敏感和重点保护的地区。14 个连片特困地区与 25 个国家重点生态功能区高度重合②。生态环境是经济发展和人类生存的生命线，要打赢脱贫攻坚战，实现经济社会可持续发展，必须坚持保护生态，实现绿色发展；牢固树立绿水青山就是金山银山的理念，把生态保护放在优先位置，扶贫开发不能以牺牲生态为代价，探索生态脱贫新路子，让贫困人口从生态建设与修复中得到更多实惠。对于那些有良好生态资源但经济欠发达的地区而言，必须把扶贫工作和生态环境保护有机结合起来，实现两者的良性互动，探索生态文明建设与扶贫开发协调发展之路。

1. 生态扶贫的概念

生态扶贫是指把扶贫工作和生态环境保护有机结合起来，实现两者的良性互动，达到生态文明建设与扶贫开发协调发展。“五个一批”工程就有“生态补偿脱贫一批”，具体措施包括加大贫困地区生态保护修复力度、增加重点生态功能区转移支付、扩大政策实施范围、让有劳动能力的贫困人口就地转成护林员等生态保护人员。2016 年国务院办公厅发布的《关于健全生态保护补偿机制的意见》，指出将生态保护补偿与实施主体功能区规划、西部大开发战略和连片特困地区脱贫攻坚等有机结合，逐步提高重点生态功能区等区域基本公共服务水平，促进其转型绿色发展，结合生态保护补偿推进精准脱贫。在生存条件差、生态系统重要、需要保护修复的地区，结合生态环境保护和治理，探索生态脱贫新路子。

2. 生态扶贫的主要措施

(1) 生态补偿脱贫。

生态补偿是指对贫困地区为保护良好的生态环境而限制生态资源开

---

① 发改委解读：生态保护补偿助力精准脱贫. 中国政府网，2016-05-25.

② 张丽荣，王夏晖，侯一蕾，李翠华. 我国生物多样性保护与减贫协同发展模式探索. 生物多样性，2015，23 (2)：271-277.

发利用实施的一种补偿。具体措施包括在贫困地区实施重点生态修复工程、建立生态补偿机制并重点向贫困地区倾斜、加大重点生态功能区生态补偿力度。同时，结合退耕还林、公益林补偿、天然林资源保护及生态综合治理等重点生态工程，挖掘生态建设与保护就业岗位，为生态保护区的农民提供就业机会，使当地农民直接参与到生态保护和治理工程中，提高农民收入水平。

(2) 积极支持发展生态优势产业。

一是培育特色农副产业。生态扶贫探索的是生态文明建设与扶贫开发协调发展之路，因而在产业发展中也可以实现良性的均衡发展，一些贫困地区探索出了成功的案例。他们立足生态资源优势，培育特色农副产品加工业，形成规模化、标准化、设施化、品牌化、生态化的农副产业，依托经营主体的带动和辐射，提高贫困人口的收入水平。以林业资源丰富的长江中上游贫困地区为例，当地出台相关扶持政策，结合当地的生态优势，培育了一批生态龙头企业，发展一批能促进农民增收致富的产业，吸纳贫困人口就业。并且鼓励专业大户创办“家庭林场”“家庭农场”集约发展林木、林下种植、养殖，带动贫困人口脱贫增收。在北方沙漠化地区，亿利资源集团探索出的库布齐治沙扶贫模式，让“生态、产业、扶贫”协同发展，对荒漠治理、生态修复、产业发展与精准扶贫进行了有机结合。亿利资源集团通过科学制定沙区产业发展规划，重点发展了生态修复、生态健康、生态农牧业、生态旅游、生态光能、生态工业六位一体的千亿规模沙漠绿洲经济产业，同时强化利益联结机制，让贫困户分享到产业链和价值链增值收益。累计带动库布齐沙区 10 万百姓彻底摆脱了贫困，贫困人口年均收入从 1990 年不到 400 元增长到 2015 年的 14 000 元。

二是发展生态旅游业。生态扶贫不仅精准抓住贫困地区生态脆弱的致贫原因，还包括精准把握贫困地区的独特生态特点，充分发挥得天独厚的生态文化优势，积极发展生态旅游。一些地方依托独特的文化、人文资源以及丰富的自然资源，发展以生态旅游业为重点的文化产业。同时，大力挖掘地方传统民族产品，鼓励民族特色工业和地方手工业的发展，加大对相关龙头企业的扶持力度，通过龙头企业带动当地农民就业，增加贫困人口收入。长江中上游贫困地区以当地的“森林公园”、风景名胜区、自然保护区、国有林场等为基础，积极引进社会资本，开发生态文化等特色旅游线路，形成生态旅游环线，实现生态优势向发展优势和经济优势转变，让贫困群众共享生态建设成果，实现贫困人口的脱贫致富。同样以亿利资源集团为例，集团积极开发沙漠特色旅游，实现生态优势向发展优势和经济优势转变，投资 29.8 亿元建成库布齐国家沙漠公园旅游基地，发展沙漠观光、休闲度假、沙漠体验、生态文明教育为主要内容的旅游业，目前年接待游客量达 10 万人次，预计到 2020 年年接待游客量能达到 50 万人次。已带动 1 303 户农牧民发展起家庭旅馆、餐饮、民族手工业、沙漠越野等服务业，户均年收入 10 万元以上，人均收入超过 3 万元，让贫困群众共享了生态建设成果，实现了贫困人口的脱贫致富。

四、中国精准扶贫的未来展望

脱贫攻坚战的号角已经吹响，精准扶贫工作在全国范围如火如荼开展。精准扶贫、精准脱贫作为脱贫攻坚期实施的基本政策方略，引领当下的扶贫开发全局工作。随着精准扶贫工作的全面实行，在实践中既有有利条件支撑，也不断面临和遭遇一些新问题。

精准扶贫实施的有利条件有：一是中央和地方高度重视和不断加大支持力度，将贫困问题作为经济社会发展中的短板，将打赢脱贫攻坚战作为全面建成小康社会的关键来抓，并为在 2020 年实现全面脱贫设定了明确的目标，这一系列关系全局的战略安排，把扶贫开发工作提到了新的战略高度。提出精准扶贫、精准脱贫基本方略，作为引领脱贫攻坚期的扶贫开发工作，既凸显了打赢脱贫攻坚战的坚定决心，又突出了精准扶贫、精准脱贫基本方略指导扶贫开发工作的中心地位。二是中国庞大的经济总量和总体经济实力为扶贫开发奠定了坚实的物质基础，虽然处在速度换挡、结构转型和动力转换的经济发展“新常态”和向更高质量经济发展的调整时期，但是，较雄厚的总体经济实力和可以预期的可持续经济增长趋势，为公共供给支持扶贫开发提供了保障能力。三是扶贫开发思路更加贴合实际，政策更加有力，措施更加到位，方法更加科学。经过政策调整，扶贫对象重点强调瞄准到贫困家庭和贫困人口，扶贫涉农资金的统筹权限下放到县，各类扶贫策略中的利益联结机制逐步建立，贫困识别方法和工作成效考评方法更加完善和科学。

在实践中涌现出的一些新问题有：一是减贫难度加大。经过多年扶贫，容易帮扶的对象基本已经脱贫，余下的都是难啃的“硬骨头”，一些贫困农户面临多维贫困，生计脆弱，难以摆脱贫困，比如因病致贫的贫困人口比例超过四成，亟待抓住健康扶贫这个“牛鼻子”。二是经济增长的减贫效应下降。随着中国经济发展进入“新常态”，政府财政增量下降，依靠政府普惠式注资脱贫难度加大。一方面，需要扩大扶贫资源的来源渠道，引入社会力量参与，多元化投入支持扶贫事业；另一方面，需要创新扶贫资源投入方式，提高资金的投入效率和效果。三是贫困问题的系统性复杂性。新时期的贫困问题与区域发展问题、生态保护问题、社会保障问题、民族团结问题、社会稳定问题和可持续发展问题紧密相关，需要统筹谋划、综合协调，既要群策群力、形成合力，又要开发潜力、精准发力。四是深度贫困问题凸显。脱贫攻坚到后期，深度贫困问题是难点。以西藏、四省藏区、新疆南疆四地州和四川凉山州、云南怒江州、甘肃临夏州“三区三州”为典型的深度贫困地区，生存环境恶劣、基础设施薄弱、公共服务滞后，由于受到环境制约，区域性整体贫困也制约了贫困人口脱贫，这就需要综合产业扶贫和兜底扶贫，采取超常规的扶贫措施探索解决，兼顾区域发展和人口减贫。五是内生性贫困难题。扶贫的根本动力在于调动贫困人口的主动性和培育贫困人口自身能力，因此，扶贫要强调“扶志”和“扶智”。针对不同原因引起的贫困人口主观能动性较弱的问题，要通过引导、教育、帮带、鼓励等细致工作耐心施策。

在有利条件支撑的大环境和新问题涌现的实践中，一方面，要坚定在精准扶贫、精准脱贫基本方略引领下，有能力如期打赢脱贫攻坚战的信心；另一方面，要认识到精准扶贫是一个系统工程，要正视实践中出现的问题，创新解决办法，落实具体工作，保证扶贫过程的有效性和扶贫成果的可持续性。具体而言，目前精准扶贫的难点主要体现在精准识别和精准扶持这两个环节，主要原因是缺乏有效的识别方法和工作机制，这就需要在对贫困人口细化分类识别的基础上，从培育内生动力和持续发展能力的角度考虑，因人因户施策予以帮扶。同时，要在制度方面不断增强保障能力，创新工作机制，健全政策支撑体系，落实具体工作，才能提高扶贫的针对性和有效性。

(一) 围绕“五个一批”主要途径，创新和完善精准扶贫工作机制

第一，培植和发展产业是增强贫困地区内生动力的根本之策。目前，在宏观层面，经济发展进入“新常态”、重视发展实体经济和实施更高质量的发展战略，倒逼产业创新推进结构调整升级，产业扶贫也应顺应这一发展变化带来的挑战和机遇，依托特色资源，差异化配置实体产业，助推通过发展生产脱贫一批。

创新产业培植，首先要依托特色资源、科学规划、优质发展。真正意义上依托传统产业转型形成的结构升级并不明显，更多的产业结构调整由产业创新引发。贫困地区发展特色产业，也要在因地制宜的基础上，创新资源开发和产业规划。

其次，产业发展要避免同质化。在产业初创期，一些地方没有先期做市场调查，为求速度大干快上，造成了产业的同质化布局发展，增加了产业销售的市场风险，一旦遭遇风险，反而导致农户利益受损。因此，为避免同质化问题带来的潜在风险，必须依托禀赋条件，实施特色发展。

再次，发展理念指导实践，产业发展要兼顾生态环境保护。“绿水青山就是金山银山”，一些贫困地区拥有良好的生态资源，但是不能走上以破坏生态环境换取经济增长的老路，发展的经验反复印证了这一歧路造成的不可持续发展和事后补救付出的高昂的生态修复成本。因此，

因地制宜开发特色产业、发展乡村旅游业，也要在科学评估环境承载力和避免造成环境破坏的前提下规划实施。

最后，产业发展效益要精准惠民。国家将大量公共资源向贫困地区倾斜投入，目的是打下产业根基，增强贫困地区的内生发展动力。由于贫困村集体和贫困人口获取收益的意识和能力不足，往往出现富了企业、“垒大户”、贫困户仅得小头的目标偏差。因此，产业扶贫中，要将贫困村集体和贫困人口及其享有的公共资本组织起来，同其他市场主体和资本形成利益联结机制，以资本带动劳动力，投入产业生产之中，并在收益的分配环节实施倾斜分配机制，细化到村到户到人，增加贫困人口收入。

第二，实施绿色发展理念、推进生态文明制度体系建设，为通过生态补偿和生态保护脱贫一批实施精准扶贫创造了新的机遇。首先，将生态环境的物质资源转化为拥有经济价值的资本要素，需要创新机制。在对贫困地区土地、林木等自然资源评估确权的基础上，通过资源的资产化，并赋权给贫困村和贫困人口，使其享有资产的收益权，助其增加财产性收入。农村土地“三权分置”改革，为贫困村集体和贫困人口通过资产收益扶贫获取收益创新了政策机制和提供了遵循。其次，推进农村集体林权制度改革，让改革红利惠及贫困人口。国家将生态公益林按林地面积配置到户到人，或将集体公益林收益向贫困人口实行二次分配，增加贫困人口的财产性收入和生态补偿收入。再次，在具有良好生态禀赋的自然生态保护区和贫困地区，国家为贫困人口提供公益岗位，让有能力的贫困人口担任护林员等，获得就业收入。最后，生态是最有价值的资本。创新机制保障生态环境，也就是保护贫困地区和贫困人口的生态资本。最严格的源头保护制度、最严格的损害赔偿制度、最严格的责任追究制度、自然资源资产化和生态补偿等这些制度的改革与创新，对于具有生态资源优势的贫困地区来说，形成了潜在的巨大政策红利。

第三，易地扶贫搬迁脱贫一批。“十三五”时期，国家计划在“一方水土养活不了一方人”的贫困地区搬迁 1 000 万建档立卡贫困人口。

首先，易地扶贫搬迁是一项系统工程。对于社区而言，涉及迁出区和安置区两地承载人口的整体生态环境、基础设施条件、就业形势的变化；对于贫困搬迁农户而言，涉及发展意愿、能力、住房、家庭生产、生活等方方面面；从政策角度而言，可以说是"牵一发而动全身"，涉及钱、地、房、业等行业部门行使职能，涉及推进新型城镇化、贫困户转移就业和后续发展等复杂问题的衔接。其次，实施易地扶贫搬迁工程本身就要求做到精准扶贫。单就贫困农户整体搬家而言，从贫困识别、搬迁意愿、搬迁方式、安置方式，到后续帮扶，每个环节都要求做到精准。也只有保证在精准识别的基础上实施精准搬迁，才能保证"搬得出、稳得住、有业可就"和稳定脱贫，否则，一旦贫困户在安置地难以维持基本生计，就会出现返乡现象，不仅达不到易地扶贫的效果，而且不利于社会稳定。

第四，发展教育脱贫一批。扶贫要兼顾"扶智"和"扶志"。长远来看，教育扶贫是阻断贫困代际传递的根本措施。目前，国家已经出台形成了从学前教育、义务教育、高中阶段教育、职业教育到高等教育的教育扶贫支持体系。当前教育扶贫的短板在学前教育和高中教育两个教育阶段，国家需要相应加大支持力度，一些地区已经把高中阶段教育纳入义务教育政策支持范围，这既能增加贫困学生的教育年限，提高他们的知识水平，又为他们进入大学创造了条件。另外，针对贫困户就业和生产发展所需要的技术技能培训需更加精准，在干中学，以增强动手能力和切实能见实效为导向，解决当前存在的一些"学走形式、学而无获、学难见效"的问题。

第五，社会保障兜底一批。首先，对于缺乏劳动能力的老年人、身体和精神上残疾的人口，难以依靠自身得到发展，因而不宜实施开发式扶贫，需要社会保障兜底。其次，从致贫原因看，因病致贫类型所占比重大，因病返贫现象普遍，需要加大健康扶贫力度，通过衔接基本医疗、大病保险和医疗救助政策，扩展补贴范围、加大特惠力度、减轻个人负担。再次，在政策机制上，探索扶贫开发与社会保障衔接机制，对贫困户给予有效的叠加支持。此外，在实际工作中，基层的识贫和资源分配工作是保证低保制度精准落地的关键，要使低保真正精准兜底贫困户，基层组织需要改善自身治理能力。

(二) 完善精准扶贫体制机制，健全脱贫攻坚支撑体系

1. 完善精准扶贫的政策支持机制

第一，加大财政扶贫资金投入力度。发挥政府投入在精准扶贫中的主体和主导作用，积极开辟新的资金渠道，确保资金精准使用。中央财政继续加大对贫困地区的转移支付力度，各地也需要根据本地脱贫攻坚需要，积极调整财政支出结构，加大扶贫资金投入。贫困县围绕本地突出问题，以扶贫规划为引领，以重点扶贫项目为平台，把专项扶贫资金、相关涉农资金和社会帮扶资金捆绑集中使用。

第二，加大金融扶贫力度，创新金融扶贫到户机制和担保机制。鼓励和引导商业性、政策性、开发性、合作性等各类金融机构加大对扶贫开发的金融支持。国家开发银行和中国农业发展银行发行政策性金融债，按照微利和保本的原则发放长期贷款，支持扶贫工作。重点探索地方政府和金融机构在担保、保险和信贷等综合金融扶贫方面的合作模式，支持贫困地区设立政府出资的融资担保机构，开展扶贫担保业务。扩大农业保险覆盖面，通过中央财政“以奖代补”等支持贫困地区特色农产品保险发展。

2. 完善精准扶贫的群众受益机制

第一，地方政府需重点探索和建立贫困户的受益机制。由于导致贫困的因素是多方面而不是单一的，精准扶贫不仅需要采取综合性的扶持措施，而且也需要有长远的眼光，同时干预导致贫困的短期因素和长期因素。在产业发展和创收方面，一些产业扶持政策没有真正实现和贫困人口对接，因此，出现了真正贫困人口在扶贫开发中反而收益较少的状况。需要重点探索如何将贫困户纳入现代产业链中，解决贫困农户经常面临的技术、资金、市场方面的困难，让他们能够从扶贫开发中真正

受益。

第二，加强培育贫困地区农民合作社和龙头企业，发挥其对贫困人口的组织和带动作用，强化其与贫困户的利益联结机制。首先，培育产业是促进贫困地区可持续发展的核心，贫困村集体和贫困农户要同新型农业经营主体建立共同体关系，因地制宜打造本地产业。其次，在农村土地“三权分置”政策指导下，探索实施资产收益扶贫，在不改变用途的情况下，财政专项扶贫资金和其他涉农资金投入农业设施、养殖、光伏、水电、乡村旅游等项目形成的资产，具备条件的可折股量化给贫困村和贫困户，尤其是丧失劳动能力的贫困户，让贫困村和贫困户按股份获取分红。同时，要强化监督管理，明确资产运营方对财政资金形成资产的保值增值责任，建立健全收益分配机制，确保资产收益及时回馈持股贫困户。最后，支持农民合作社和其他经营主体通过土地托管、牲畜托养和吸收农民土地经营权入股等方式，带动贫困户增收。

3. 创新政府职能和增强基层组织精准扶贫的治理能力

在政府主导下实施扶贫开发，是中国特色扶贫开发道路的一大特点，创新政府职能和增强基层组织治理能力，是实施精准扶贫、精准脱贫基本方略的重要保障。扶贫事业源于政治责任和使命担当。首先，精准扶贫的对象是贫困户和贫困人口，这就决定了执行精准扶贫政策的直接主体是基层组织，基层组织勇担责任和保障有力是实现精准脱贫的重要条件。其次，创新扶贫机制和精准施策，是创新基层组织治理方式、提高治理能力和建设服务型政府的基本要求。再次，部分资金项目管理权限下放到县、分配到村，使得实施精准扶贫的直接主体——基层政府和村级组织将获得更多的资源，拥有更多自由裁量的机会，这就需要基层政府改善自身治理能力和水平，在实际工作中提高减贫效益和质量。基层治理是与人民群众直接接触，使其有机会融入和参与的机制，只有夯实基层组织，改善村级治理，才能有效助力贫困农户脱贫。

“认识中国·了解中国”书系

中国智慧：十八大以来中国外交（中文版、英文版） 金灿荣
中国治理：东方大国的复兴之道（中文版、英文版） 燕继荣
中国声音：国际热点问题透视（中文版、英文版） 中国国际问题研究院
大国的责任（中文版、英文版） 金灿荣
中国的未来（中文版、英文版） 金灿荣
中国的抉择（中文版、英文版） 李景治
中国之路（中文版、英文版） 程天权
中国人的价值观（中文版、英文版） 宇文利
中国共产党就是这样成功的（中文版、英文版） 杨凤城
中国经济发展的轨迹 贺耀敏
当代中国人权保障 常 健
当代中国农村 孔祥智
教育与未来——中国教育改革之路（中文版、英文版） 周光礼 周 详
当代中国教育 顾明远
全球治理的中国担当 靳诺 等
中国道路能为世界贡献什么（中文版、英文版、俄文版、法文版、日文版） 韩庆祥 黄相怀
时代大潮和中国共产党（中文版、英文版、法文版、日文版） 李君如
社会主义核心价值观与中国文化国际传播 韩 震
我眼中的中韩关系 [韩] 金胜一
中国人的理想与信仰（中文版、英文版） 宇文利
改革开放与当代中国智库 朱旭峰
当代中国政治（中文版、英文版） 许耀桐
当代中国社会：基本制度和日常生活（中文版、英文版） 李路路 石磊 等

国际关注·中国声音（中文版、英文版）	本书编写组
中国大视野 2——国际热点问题透视	中国国际问题研究院
中国大视野——国际热点问题透视	中国国际问题研究所
中国新时代（中文版、英文版）	辛向阳
构建人类命运共同体（修订版）	陈岳　蒲俜
新时代中国声音	中国国际问题研究院
中国生态文明新时代	张云飞
当代中国扶贫（中文版、英文版）	汪三贵
当代中国行政改革	麻宝斌　郝瑞琪
当代中国文化的魅力	金元浦
城镇化进程中的中国伦理变迁	姚新中　王水涣
数字解读中国：中国发展坐标与发展成就（中文版、英文版）	贺耀敏
中国改革和中国共产党	李君如
中国经济：持续释放大国的优势和潜力	张占斌
对话中国（中文版、英文版）	本书编写组

图书在版编目（CIP）数据

当代中国扶贫/汪三贵主编. —北京：中国人民大学出版社，2019.8
（“认识中国·了解中国”书系）
ISBN 978-7-300-23901-9

Ⅰ.①当… Ⅱ.①汪… Ⅲ.①扶贫-研究-中国 Ⅳ.①F126

中国版本图书馆 CIP 数据核字（2017）第 010266 号

国家出版基金项目
“十三五”国家重点出版物出版规划项目
“认识中国·了解中国”书系
当代中国扶贫
汪三贵　主编
Dangdai Zhongguo Fupin

出版发行	中国人民大学出版社		
社　　址	北京中关村大街 31 号	邮政编码	100080
电　　话	010－62511242（总编室）		010－62511770（质管部）
	010－82501766（邮购部）		010－62514148（门市部）
	010－62515195（发行公司）		010－62515275（盗版举报）
网　　址	http://www.crup.com.cn		
经　　销	新华书店		
印　　刷	涿州市星河印刷有限公司		
开　　本	720 mm×1000 mm　1/16	版　　次	2019 年 8 月第 1 版
印　　张	11.75	印　　次	2024 年 5 月第 2 次印刷
字　　数	151 000	定　　价	96.00 元

版权所有　侵权必究　印装差错　负责调换